KB143485

AI 시대 맞춤
수학 공부법

AI 시대 맞춤 수학 공부법

초판 1쇄 인쇄 2023년 3월 22일
초판 1쇄 발행 2023년 3월 29일

지은이 조향숙

발행인 장상진
발행처 (주)경향비피
등록번호 제2012-000228호
등록일자 2012년 7월 2일

주소 서울시 영등포구 양평동 2가 37-1번지 동아프라임밸리 507-508호
전화 1644-5613 | **팩스** 02) 304-5613

ⓒ조향숙

ISBN 978-89-6952-538-3 03370

부모가 꼭 알아야 할 미래인재 수학 공부의 핵심

AI 시대 맞춤 수학 공부법

조향숙 지음

경향BP

인공지능 시대에는
수학을 어떻게 공부해야 하는가?

디지털과 인공지능 기술이 사회의 변화를 이끌면서 바야흐로 이공계 인재의 시대가 되었다. 지금은 수학 성적이 대학 입시의 중요한 바로미터로 작용한다. 그래서 학부모들은 자녀의 수학 공부에 관심이 많다.

학교 공부에서 수학 과목의 중요성이 날로 커지고 있고, 어떻게 수학을 교육하고 공부할 것인가에 대한 답을 찾느라 분주하다. 학부모들은 당장의 아이 성적이 눈에 들어오기 쉽지만, 자녀의 성공적인 인생을 위해 긴 안목에서 어떻게 준비하고 기다려 주어야 할지 알아야 한다. 또 앞으로 AI 시대에는 어떤 수학적 역량이 더 필요할지 알고 대비할 필요가 있다.

나는 수학, 과학, 정보 과목의 교육과정을 설계하고 교육 현장에 확산시키는 역할을 하고 있다. 특히 2022 개정 교육과정의 과학, 수학, 정보, 환경 교육과정 개발을 지원하는 연구 책임을 맡았다. 그 덕분에 학교 교육이 실제로 어떻게 바뀌고, 어떤 인재가 성공하는지, 최근에 변하는 패러다임에 대해 누구보다 빨리 파악할 수 있다. 이 책에서는 변화하고 있는 교육 현장 사례를 통해 수학 교육과 공부 방향을 제시하였으며, 수학과 인공지능, 수학과 공학도구 활용, 수학적 모델링도 다루었다.

내가 근무하고 있는 한국과학창의재단에서는 학생들의 수학, 과학, 정보교육, 창의교육 등 미래인재를 양성하기 위하여 학교를 선도하기 위한 각종 사업을 하고 있다. 그 과정에서 현장 교사들의 이야기를 듣고, 우수한 사례를 수집·분석하고 있다. 우수 사례 수기 공모전을 통해 학생들이 직접 경험한 긍정적인 변화에 대한 수많은 사례도 갖고 있다.

이 책에서는 실제로 학생들이 공부한 다양한 사례, 특히 낮은 성적에서 찬찬히 공부해서 공부를 잘하게 된 사례를 집중적으로 소개했다. 공부를 하다 보면 슬럼프가 있을 수 있다. 한 번 떨어지면 혹시나 다시 따라잡기 어려울까 봐 걱정하는 목소리도 있다. 그러나 이를 극복한 수많은 사례를 통해 학생들이 자신의 보폭으로 꾸준히 기초를 다지면 해결이 가능하다는 것을 알 수 있다.

학생들이 공부하는 방법은 저마다 다르다. 학부모들은 다양한 사례를 통해 "맞아. 바로 우리 아이 이야기야." 하면서 위로와 공감을 받고, 내 자녀에게 딱 맞는 수학 공부 지도 방법을 찾을 수 있을 것이다.

최근에는 온라인 쇼핑에 문제가 생겨 고객센터에 문의를 하면 AI봇이 먼저 나와 어떤 상품에 무슨 문제가 생겼는지 신속하게 파악한다. 그다음에 상담사에게 연결된다. 이러한 변화 속에서 앞으로 우리 아이들이 사회에 나갈 때 사람은 과연 뭘 하게 될까?

신속 정확한 지식 암기식 공부법에서 생각하는 문제해결력으로 콘셉트를 바꿔야 할 때이다. 지식 암기는 인공지능이 사람보다 뛰어나다. 따라서 사람은 차별화된 사람만의 강점을 살려야 하므로 지식 암기형 공부에서 창의성을 발휘하고 잠재력을 발휘하는 방향으로 한 발짝 더 나아가야 한다.

아직 학교에서는 교사가 문제를 주고, 학생들은 주어진 문제를 푸는 식으로 공부한다. 그러나 앞으로는 문제를 정의하는 것에서부터 출발해야 한다. 복잡한 문제를 독창적으로 풀어내는 것, 자신의 잠재력을 이끌어 내는 것, 그리하여 본인만의 성공과 행복을 찾아가는 것, 이 모든 것이 교육이고 훈련이다. 이 여정에 마라톤의 페이스메이커처럼 동료가 있고, 가족이 있고, 공동체가 있다.

더 나아가 아이들이 살아갈 미래사회에는 세계인과 함께 전 지구적인 문제, 지구 곳곳의 문제도 풀어야 한다. 부모의 열정대로 내 아이가 좋은 교육을 받고, 잘 배워서 미래사회에 기여하고, 더 나은 세상을 만들어 내는 데 수학 능력이 필수가 되었다.

단지 수학 성적이 아니라 수학과 관련된 전반적인 역량을 필수적으로 갖춰야 한다. 이 시대에 왜 갑자기 수학이 더 중요해졌는지 모르겠다며, 미적분은 졸업하고 나서는 쓰지 않는 것 같다는 사람도 물론 있다. 하지만 우리가 마주하는 모든 변화의 추세를 따져 보는 것에 변화의 기울기가 있고, 행렬이 있고, 데이터가 있다.

미래사회에는 STEM과 디지털 소양을 갖춰야 한다. STEM은 과학(Science), 기술(Technology), 공학(Engineering), 수학(Mathematics)의 첫 글자를 딴 약어이다. 디지털 소양을 갖추기 위해서 수학을 해야 한다. 모든 사람이 수학자가 될 필요는 없지만 수학자들이 어떻게 문제를 해결하는지 그 방법을 배우고 익힐 필요가 있다.

이 책의 차별화 포인트는 단순한 수학 공부법이 아니라 인공지능 시대로 대표되는 미래에도 통하는 수학 공부법이다. 수학을 익힘으로써 인공지능 시대에 적응할 수 있게 한다. 미래역량을 기르는 수학 공부법, 소프트웨어와 인공지능과 관련된 수학, 생각하는 힘을 기르는 수학, 내 생각을 끄집어내는 수학을 다룬다.

'인공지능 시대에는 수학을 어떻게 공부해야 하는가?'

이 책은 그에 대한 답이다. 인공지능 시대의 인재에게 필요한 역량을 키우는 데 수학이 어떤 역할을 하는지를 집중적으로 다룬다. 수학영재, 최고인재 키우기에 초점을 맞추기보다는 보통의 학생이 인공지능 시대 맞춤인재로 성장하기 위해서 수학을 어떻게 공부해야 하는지에 초점을 맞추었다. 수학 교육과 관련된 트렌드를 보면 영재 교육에 관심 있는 학부모들에게도 힌트가 된다.

이 책의 구성은 다음과 같다.

1장에서는 수학 교육의 패러다임 변화를 알아본다.

2장에서는 변화되고 있는 수학 교육의 패러다임이 실제 교육 현장에서 어떻게 적용될 것인지에 대해 다룬다.

3장에서는 현재 시스템에서 학생들이 실제로 수학을 공부하는 방법을 소개한다. 수학에 어려움을 느끼던 학생들이 수학 공부에 성공한 사례를 들어 수학을 공부하는 방법과 노하우를 알려 준다.

4장에서는 앞으로의 시스템에서 수학을 공부하는 방법을 알려 준다. 또한 미래역량과 관련하여 학생들이 스스로 찾은 수학 공부 습관을 소개한다.

5장은 학생들의 수학 체험 활동을 소개한다. 수학 말하기 대회, 수학 체험 부스 운영부터 국제수학올림피아드도 포함하였다.

6장은 우리 아이를 미래인재로 키우는 부모의 역할을 소개한다. 아이를 위한 칭찬과 격려, 신기술을 이용한 학교 수업의 변화 등 학교 현장이 변하고 있는 사례를 중심으로 기술하였다. 세 분 선생님의 지도 노하우에서 아이를 위해 무엇을 해야 할지 도움을 받을 수 있다.

이 책에서는 정규 수업이나 특별 활동에서의 수학 공부법뿐만 아니라 일상에서의 수학 공부법도 함께 소개했다. 다양한 수학 공부 사례를 통해 계산귀신이 아니라 생각하는 힘을 기르는 수학, 내 생각을 끄집어내고 전개하는 수학이 뭔지를 알 수 있다. 또한 어떻게 자기주도성을 높이고, 미래역량을 길러야 하는지도 알려 준다. 어떻게 일상의 학습 활동에서 재미, 흥미, 자신감을 가질 것인가가 이 책의 궁극적인 목적이다.

조향숙

차례

1장
수학 교육의 패러다임이 바뀌고 있다

2장
실제 수학 교육 현장은 어떻게 바뀔 것인가?

3장
수학 인재 되기: 수포자도 성공한 수학 공부법

4장
미래역량을 기르는 수학 공부 방법

5장
학생들의 수학 체험 활동

6장
미래인재로 키우는 부모의 역할

이공계 인재가
4차 산업혁명을 이끈다

국내 취업 시장에는 '네카라쿠배당토'라는 신조어가 있다. 네이버, 카카오, 라인, 쿠팡, 배민, 당근마켓, 토스를 줄인 말이다. 미국에서는 STEM 분야를 중시한다. 일자리가 더 늘어나는 분야도 STEM이고, 급여가 높은 분야도 STEM 분야이다.

우리 아이들이 사회에 진출할 때는 뭐가 필요할까? 앞으로는 아주 스마트한 특정 영재만 지식을 생산하는 시대가 아니라 모두가 지식을 창출하고 가치를 생산하는 시대가 될 것이다. 지금 우리는 데이터를 분석해 새로운 지식을 얻는 것을 목도하고 있다. 이제 모두가 지식을 생산하고 가치를 창출하는 시대를 대비해야 한다.

세계 최고 부자들이 선도하는 시장은 어떤 분야이고 누가 이끌고 있나? 그들은 어떤 공부를 했을까? 앞으로 우리 아이들이 사회로 나갈 때는 어떻게 될지 궁금하다. 미래가 급격하게 바뀌기 때문에 예측하기 어렵다. 그렇다면 어떤 기본기를 갖춰야 할까?

2022년 9월 『포브스』지 기준 세계 부자 순위를 보면 1위는 스페이스X CEO 일론 머스크, 2위는 LVHM 회장 베르나르 아르노, 3위는 아마존닷컴 이사회 의장 제프 베이조스, 4위는 인도 아다니 그룹 창업주 가우탐 아다니, 5위는 마이크로소프트 공동창업자 빌 게이츠이다.

일론 머스크, 제프 베이조스, 빌 게이츠는 모두 IT를 기반으로 한 기업인으로 세계 기술 시장을 선도하고 있다. 일론 머스크와 제프 베이조스는 나란히 미지의 세계인 우주 분야에 같이 진출했다. 세계에서 최고 부자인 일론 머스크는 항공우주, 전기차, 인공지능, 초고속열차 등 첨단과학 분야 기업을 이끌고 있다. 제프 베이조스는 전자상거래 회사인 아마존과 우주여행을 하는 회사 블루 오리진을 이끌고 있다. 유럽 최고의 부자인 베르나르 아르노 회장은 루이비통이라는 럭셔리 브랜드 기업을 이끌고 있다. 인도의 가우탐 아다니 회장은 항만 개발과 운영 분야의 기업을 이끌고 있다.

일론 머스크는 경제학과 물리학을 공부했다. 제프 베이조스는 전기공학과 컴퓨터 과학을 공부했다. 마이크로소프트를 설립한 빌 게이츠는 어렸을 때 컴퓨터 프로그래밍을 좋아했다. 베르나르 아르노 회장은 공학석사 출신이다. 바야흐로 이공계 인재가 4차 산업혁명을 이끌고 있다.

수학은 STEM 분야의 기본 언어이다

데이터의 시대가 열렸다. 미국에서는 고연봉 일자리 상위 20개 중 데이터 과학자의 연봉이 가장 높다. 인공지능은 빅데이터로 인해 더욱 똑똑해지고 있다. 인공지능 시대에는 데이터 과학자가 기업인이 된다. 컴퓨터 과학 분야의 노벨상이라 불리는 튜링상을 수상한 짐 그레이 박사는 데이터 과학을 '데이터를 분석하여 새로운 과학적 지식을 얻는 제4의 패러다임'으로 정의했다.

그레이 박사에 의하면 수천 년 전 최초의 과학은 자연 현상을 관찰하는 것으로 시작했다. 지난 수백 년 동안은 자연을 이해하는 데 이론적 모델을 제시하는 방식이었고, 컴퓨터가 등장한 지난 수십 년 동안은 복잡한 현상을 설명하는 데 컴퓨터 시뮬레이션을 사용했다.

이제는 데이터를 분석해서 새로운 과학적 지식을 얻는 제4의 패러다임 시대가 되었다. 데이터 탐구는 이전에 과학을 할 때 사용한 이론과 실험, 시뮬레이션을 모두 통합한다. 데이터 과학은 새로운 지식을 만들어 내고 검증하는 데 사용된다. 미래는 데이터의 시대로서 데이터로 인해 많은 것이 달라질 것이다.

미국 고연봉 일자리 2위부터 20위까지 보면 대체로 IT 분야이다. 소프트웨어 엔지니어, UX 디자이너, 개발자 직군이 눈에 띈다. 그 밖에도 분석하는 애널리스트 직군으로 투자은행 애널리스트, 보험계리 애널리스트, 프로그래머 애널리스트가 있다. 모두 데이터 활용과 깊은 연관이 있다.

엔지니어 직군으로는 소프트웨어 엔지니어, 제품 엔지니어, 전기 엔지니어, 기계 엔지니어, 디자인 엔지니어, 테스트 엔지니어가 있다. 전통적인 전기 기계 엔지니어는 15위, 16위이고, 소프트웨어 엔지니어는 2위, 시스템 엔지니어는 9위로 전통적 엔지니어보다 상대적으로 더 높다.

2019년 미국 고연봉 일자리 TOP 20

	연봉	구분		연봉	구분
1	데이터 과학자	95,000$	11	프로세스 엔지니어	68,258$
2	소프트웨어 엔지니어	90,000$	12	프런트엔드 개발자	67,500$
3	제품 매니저	89,000$	13	제품 엔지니어	66,750$
4	투자은행 애널리스트	85,000$	14	보험 계리 애널리스트	66,250$
5	제품 디자이너	85,000$	15	전기 엔지니어	66,000$
6	UX 디자이너	73,000$	16	기계 엔지니어	65,000$
7	실행 컨설턴트	72,000$	17	디자인 엔지니어	65,000$
8	자바 개발자	72,000$	18	애플리케이션 개발자	65,000$
9	시스템 엔지니어	70,000$	19	테스트 엔지니어	65,000$
10	소프트웨어 개발자	68,600$	20	프로그래머 애널리스트	65,000$

· 출처: 글래스도어 경제 연구(www.glassdoor.com)

개발자 직군은 자바 개발자, 소프트웨어 개발자, 프런트엔드 개발자, 애플리케이션 개발자가 있다.

전체적으로 IT 직군이 데이터 과학자부터 소프트웨어 개발자, 프런트엔드 개발자 등 폭넓게 분포해 있다.

STEM의 일자리가 STEM이 아닌 일자리보다 인건비와 늘어나는 비율 모두 높다. 미국 노동통계국이 2020년부터 2030년까지 10년간 STEM 분야 일자리 통계를 발표했는데 늘어나는 일자리 수가 STEM 분야에 훨씬 많다. STEM 직업 일자리 수는 10년간 10.5% 늘어나고, STEM이 아닌 분야는 7.5% 늘어난다.

STEM 직업이 임금도 훨씬 많이 받는다. 2020년 기준으로 임금의 중앙값을 보면 STEM 직업은 89,780$이고 STEM이 아닌 직업의 중앙값은 40,020$이다. 중앙값 차이가 49,760$이다. 2배가 넘게 차이 난다. 임금의 중앙값은 임금을 일렬로 쭉 세웠을 때 한가운데에 있는 값을 나타낸다. (만약 일렬로 세운 임금의 개수가 홀수일 때는 한가운뎃값이 중앙값이 되고, 임금의 개수가 짝수일 때는 가운데 두 수의 평균

2020~30년 미국 STEM 분야 일자리

직업 구분	10년간 증가	2020년	2030년	임금 중앙값 (2020 기준)
전체	11,879.9(7.7%)	153,533.8	165,413.7	$41,950
STEM 직업	1,074.5(10.5%)	10,204.2	11,278.7	$89,780
Non-STEM 직업	10,805.5(7.5%)	143,329.5	154,135.0	$40,020

· 출처: 미국 노동통계국(www.bls.gov/emp/tables/stem-employment.htm)

이 중앙값이다.) 즉 일자리 수가 빠르게 늘어나고, 임금이 높은 분야가 전망이 밝은 분야이다.

이 책에서는 STEM 분야, 즉 과학, 기술, 공학, 수학 중에서 수학을 중심으로 다룬다. 수학이 친숙하면 수학 공부를 하기도 쉽지만, STEM 분야를 공부할 때도 접근하기 쉽다. 과학의 언어는 수학으로 되어 있기 때문이다. 과학적 과정을 설명하거나 과학 현상을 밝힐 때도 수식을 사용한다. 기본적으로 수학이 내재되어 있다. 수학은 STEM 분야의 기본 언어이다.

수학은 사고력을 키운다

수학은 기본적으로는 생각하는 힘을 키우는 교육이다. 읽고 셈하는 수리력뿐만 아니라 생각을 하는 사고력의 근간이기 때문에 미래 교육에서 수학이 점점 더 중요하다. 컴퓨터에게 중간 과정인 계산을 다 시킨다 하더라도 그 계산을 어떤 순서로 어떻게 시킬지 생각해야 하고, 컴퓨터가 가져온 계산 결과를 해석해 내야 하기 때문에 수학이 중요하다.

2022 개정 교육과정에서 데이터를 다루는 기본 스킬인 행렬을 모든 사람이 다 배워야 하느냐에 대한 논란이 있었다. 의견 수렴을 위한 설문조사 결과 모든 사람이 다 배워야 한다는 의견이 높게 나

왔다. 설문 결과에는 21세기의 핵심 기술에 모두가 접근할 수 있어야 하고 기본 소양을 갖춰야 한다는 생각이 반영되었다.

데이터 과학이 무엇인지, 데이터 과학자가 어떤 일을 하는지 많이 알려지지 않았고, 하는 일들이 명확하게 규정되지 않았다 하더라도 교육을 받을 기회는 모두에게 열려 있어야 한다. 그래서 모든 학생이 배우는 과정에 행렬을 적은 내용이라도 넣어야 한다는 결과가 나왔다고 해석된다. 공학용 앱인 울프람알파가 계산을 다 하는데도 불구하고 여전히 수학을 배워야 하는 이유와 수학을 배워서 어디에 쓸지가 설문 결과에 명확히 드러난다. 21세기 핵심 기술에 모두가 접근할 수 있어야 한다.

이공계 인재가 4차 산업혁명을 이끌고 있고, 지금 미국에서 최고로 비싼 일자리는 데이터 과학 분야이다. 향후 10년간 STEM 분야 일자리가 STEM 아닌 분야보다 더 빨리 늘어날 전망이고, 임금도 전체적으로 높다. 많은 분야의 노동력이 AI로 대체되어 가는 미래에 보다 많은 기회를 얻을 수 있는 STEM 분야에서 일하기 위해서는 수리력, 사고력 등 수학 능력이 필수 조건이다.

1장

수학 교육의
패러다임이
바뀌고 있다

수학 교육 패러다임의 변화를 다룬다. 이는 학교 수학 공부의 목적이 단지 시험을 잘 봐서 좋은 대학을 가는 데에 있는 것이 아니라 현재와 미래의 문제해결 역량을 기르기 위한 것이기 때문이다. 수학적 모델링은 현실 세계의 문제를 수학적 문제로 바꾸는 방식이다. 학생들이 미래에 더 나은 세상을 만들 수 있도록, 부모들이 아이들을 안내하고 격려하고 지원하는 데 도움이 될 수 있도록 수학 교육의 변화를 설명하려고 한다.

또한 칸 아카데미 수학, 영국 케임브리지 대학의 엔리치 수학 프로그램, 울프람알파와 컴퓨터에 기반을 둔 수학을 가르치자는 울프람의 주장, 수학 학습의 종합적 진단을 도와주는 수학 클리닉까지 해외 사례를 중심으로 수학에 대한 최신 정보를 광범위하게 안내한다.

1

성장 마인드셋:
수학 공부의 선순환 구조를 만들어라

수학 교육의 패러다임이 바뀌고 있다. 『그릿』의 저자 앤절라 더크워스는 마인드셋^{mindset}을 강조했다. 마인드셋은 마음가짐, 태도이다. 더크워스는 마인드셋을 2가지로 나눈다. 능력이 고정되어 있다고 믿는 게 고정 마인드셋이고, 성장할 수 있다는 게 성장 마인드셋이다.

이 성장 마인드셋이 수학 공부의 시작이다. 지능은 고정된 게 아니다. 수학 공부도 고정된 게 아니다. 어려운 문제를 만났을 때 당장은 어렵더라도 잘 해낼 수 있다, 성장할 수 있다는 마음가짐이 중요하다. 어렵다는 건 도전할 만하고 배울 게 있다는 뜻이다.

성장 마인드셋: 어려운 문제에 대한 도전 강조

✖ ✖ ✖

수학 능력이 좋아질 수 있다고 믿는 게 성장 마인드셋이고, 실력이 고정되어 있다고 믿는 게 고정 마인드셋이다. 성장할 수 있다고 믿으면 성장하는 방향으로 노력한다.

　성장 마인드셋을 가진 아이들은 도전에 맞서 성과를 이루어 냈을 때 뿌듯해한다. 당장 보면 문제가 어렵지만 시간을 들여서 매달리다 보면 잘할 수 있다. 학생들이 어렵지만 재미있다고 느끼는 게 좋은 방향이다. 틀리지 않으려고 쉬운 문제만 나오길 바라는 것은 고정 마인드셋이고, 어렵지만 재미있다고 느끼는 것은 성장 마인드셋이다.

성장 마인드셋과 고정 마인드셋

	성장 마인드셋	고정 마인드셋
의미	경험과 노력을 통해 수학적 능력을 향상시킬 수 있다는 신념	수학적 능력이 고정되어 있어 노력해도 바꿀 수 없다는 신념
특징	학습 과제 자체를 숙달하려는 학습 목표를 지향한다. 어려운 일이라도 끈기 있게 계속 해 나간다.	자신이 우수함을 입증하려고 하며, 자신의 능력에 대해 부정적인 평가를 회피한다. 어려운 일이 생기면 쉽게 포기한다.

· 출처: 교육부·한국과학창의재단(2022), 『수학클리닉 이해와 실천』

　드크워스는 사람들에게 성장 마인드셋과 고정 마인드셋이 조금씩 섞여 있다고 한다. 어떻게 성장 마인드셋이 주로 드러나도록 할 수 있을까? 실수를 하더라도 실수를 창피해하지 않고 도전할 수 있는 용기를 가질 수 있도록 격려하는 게 중요하다.

"쉬운 문제만 나왔으면 좋겠어요."라고 하는 학생들을 생각해 보자. 그 마음에는 쉬운 문제가 나오면 틀리지 않을 테고, 틀리지 않고 다 맞으면 기쁠 거라는 계산이 깔려 있다.

수학을 좋아하는 학생들은 어려운 문제에 매달려서 해결했을 때 뿌듯했던 순간에 대해 이야기한다. 이러한 경험을 아이들이 가질 수 있게 하려면 어떻게 해야 할까. 작은 성공의 경험이 쌓이면 아이들이 계속해서 어려운 문제에 부딪쳐도 쉽게 포기하지 않고 매달릴 수 있는 용기를 준다.

부모의 수학 불안이 아이를 괴롭히지 않도록 주의하자. 에린 말로니 등의 연구에 의하면 엄마가 학교 다닐 때 수학 공부에 대해 불안이 아주 높았다면, 그 불안이 아이에게 전이될 가능성이 있다고 한다. 아이들은 엄마의 말과 행동을 보고 느낀다. 엄마가 속으로라도 아이가 수학을 혹시 못할 가능성이 있지 않을까 불안해하면 그게 전달된다.

부모가 수학에 대해 불안했던 경험이 있으면 같은 상황을 아이가 겪지 않게 하려는 마음이 커서 아이의 수학 공부에 대해 과민하게 반응한다. 문제를 미리 많이 풀라고 종용하거나, 실수하거나 틀리는 것에 예민하게 대응하기 쉽다.

이렇게 되면 아이는 문제 자체에 집중하는 것보다 뭔가 어렵고

하기 쉽지 않다는 막연한 두려움을 느낄 수 있다. 자신에 대한 의심은 누구든 갖기 마련이다. 이게 고착화되지 않도록 해야 한다. 부모의 불안감이 아이에게 전이되지 않도록 각별히 조심하거나, 수학 불안이 없는 사람이 지도하도록 방향 전환을 하는 게 안전하다. 에린 말로니 등의 연구에서도 수학 불안감이 있는 부모가 수학 숙제를 덜 도와줄 때 자녀의 수학 성취도와 태도가 부모의 불안과 관련 없게 나타났다.

모든 내용은 배움의 과정이다. 모르면 틀릴 수도 있고, 틀리면 다시 배우면 된다. 배우고 익히면 알 수 있다는 것을 전제로 하면 불안할 이유가 없다. 첫째 아이를 키운 경험이 있는 부모들은 둘째 아이의 말이 느리거나 걸음이 느리다고 해서 초조해하지 않는 것과 같은 이치이다. 때가 되면 걷고, 때가 되면 말을 한다. 그 시기가 조금 빠르거나 느릴 뿐이다. 적시에 잘 배울 수 있도록 지원하면 된다.

내 실력이 고정되어 있다고 믿으면 어느 순간 들통 나지 않고 잘하는 것처럼 보이게 하는 데 에너지를 쓴다. 키가 크고 뼈가 자라는 것처럼 수학 능력도 자란다.

스탠퍼드 대학교 조 볼러 교수는 테드 강연에서 수학에서 성장 마인드셋의 중요성을 강조했다. 수학머리, 역사머리 같은 건 잘못된 이야기이다. 왜냐하면 현재 드러난 상태에 대해서만 이야기하고, 성장 잠재력을 간과하기 때문이다. 수학적으로 잠재력이 있다고 믿는 성장 마인드셋을 가지면 실수했을 때도 배울 수 있다.

그렇기 때문에 아이들이 스스로 배울 수 있다는 마음가짐을 가질 수 있도록 가정과 학교에서 환경을 만들어 주는 게 매우 중요하다. 누구나 잠재력을 가지고 잘 배울 수 있다. 어려우면 시간을 들여 찬찬히 배우면 된다.

누구나 한두 번 틀리면, 혹시 내가 못하는 사람인가 하는 생각이 들 수 있다. 아이들이 걸음마를 배우거나 말을 배울 때 많은 시도를 거쳐서 결국은 걷게 되고 말도 배운다. 수학도 그렇다. 여러 번 하다가 보면 할 수 있다. 누구나 잘할 수 있다.

다만 수학 개념들은 서로 연결되어 있는데 중간에 어떤 개념이 빠져 있으면 그것과 연결된 개념을 명확히 이해하지 못해서 다음 개념으로 건너가는 게 어려울 뿐이다. 여기에 도움이 될 수 있는 칸 아카데미의 개념을 놓치지 않고 학습하는 교육법도 같은 장에 소개하였으니 참고하기 바란다. 차근차근 하나씩 순서대로 익히면 이해할 수 있다. 적당한 격려와 시간과 훈련 속에서 실력이 자란다.

혹시 불안하더라도 부모의 불안을 투영시키지 마라. 아이들은 강점을 강조하고 칭찬해 줄 때 잘한다. 잘하는 부분에서 시작하고, 어려운 부분을 참고 견디면서 믿고 기다려 주면 할 수 있다.

아이에게 성장 마인드셋으로 꾸준히 좋은 성과를 내게 하자. 잘하는 것을 발견해서 그걸 확대하면 된다. 아이가 실수에서 배우고 인내를 가지고 끝까지 노력할 수 있는 방법을 생각해 보자.

누구나 잘할 수 있는 잠재력을 가지고 태어난다. 그 잠재력을 꺼내서 발휘할 수 있도록 내 아이에게 맞는 방법을 찾아나가자.

수학 클리닉: 학생의 학습 심리와 성향을 파악하라

아이가 수학 공부를 어떻게 하는지 궁금하다면, 아이의 수학 학습 성향을 인터넷에서 검사할 수 있다. 한국과학창의재단 애스크매스 누리집(askmath.kofac.re.kr/main.do)에서 수학 클리닉 사전진단과 학습진단을 무료로 할 수 있다.

아이가 책상에 앉아 있는 시간과 시험 결과는 겉으로 드러난다. 공부하는 시간과 시험 결과는 알기 쉽지만 세세한 속사정은 부모가 실제로 알기 어렵다. 수학 클리닉에서 이를 도와준다. 아이가 어떤 마음으로 어떻게 공부하는지 알아볼 수 있다.

· 출처: 에스크매스 누리집(askmath.kofac.re.kr)

수학 클리닉 사전검사

✖ ✖ ✖

수학 클리닉에서는 학생의 수학 학습 실태, 수학 학습 심리, 수학 학습 방법, 수학 학습 성향을 진단한다. 학부모들에게 수학클리닉 사전검사가 도움이 되었다는 이야기를 종종 듣는다. 검사하는 데 20~30분 정도 걸린다.

수학 클리닉 사전검사를 하고 그 결과를 사용해서 학습 코칭을 할 수 있다. 학생들이 수학에 대해 어떻게 느끼는지 개인적인 감정 이나 경험도 알 수 있다. 결과를 보면 아이의 생각을 좀 더 잘 알 수 있고 무엇을 어떻게 하는 게 바람직한지 생각해 볼 단초가 된다.

수학 학습 심리는 수학 학습과 관련해서 흥미, 자신감, 불안, 가치 인식, 학습 의욕을 측정한다. 불안은 낮은 게 좋은 것이고 흥미, 자신감, 가치, 의욕은 높은 것이 좋다.

수학 학습 심리

수학 학습과 관련된 학생의 정의적인 요인을 흥미, 자신감, 불안, 가치 인식, 학습 의욕 5가지 하위 요인을 통해 측정한다.

01 수학에 대한 흥미
수학 교과 활동에서 느끼는 재미나 즐거움을 확인한다.

02 수학에 대한 자신감
수학을 잘 배울 수 있거나, 잘할 수 있다고 생각하는 확신이나 신념 정도를 확인한다.

03 수학에 대한 불안
다양한 수학 학습 상황에서 불안을 느끼는지, 두통과 같은 신체 증상을 경험하는지 확인한다.

04 수학에 대한 가치 인식
일상생활에서 수학이 얼마나 유용하게 활용될 수 있는지 확인한다.

05 수학에 대한 학습 의욕
평소 수학 학습에 대한 학생의 성향이 어떠한지 확인한다.

· 출처: 한국과학창의재단(2022), 『수학클리닉 사전진단 검사 매뉴얼(초등)』

수학 학습 성향

효율적인 수학 학습을 위해 학생이 사용하고 있는 학습 습관, 학습 관리 방법, 학습 동기를 측정한다.

- **01 수학 학습 습관**
  수학 학습 중 노트 정리나 오답 체크 등 학생의 학습 습관을 확인한다.

- **02 수학 학습 관리 방법**
  스스로 목표량, 학습 시간에 대한 계획을 세워 공부하는지 확인한다.

- **03 수학 학습 동기**
  어떤 동기를 가지고 수학을 공부하는지 확인한다.

· 출처: 한국과학창의재단(2022), 『수학클리닉 사전진단 검사 매뉴얼(초등)』

수학 클리닉 사전검사는 학생의 학습 심리와 전략, 학습 성향을 종합적으로 분석해서 학생을 도와주기 위해 개발되었다. 검사를 하고 나면 아이가 어떤 성향인지 금방 확인할 수 있다. 학생의 현재 상태에 따라 맞춤형으로 안내할 수 있어 효과적이다.

수학 클리닉 검사 결과 맞춤형 안내 방법

✖ ✖ ✖

수학에 대한 흥미

수학에 대한 흥미는 학생의 상태에 맞춰 다르게 안내한다. 흥미가 높은 경우는 흥미를 지속하는 방법으로 격려하고, 흥미도가 낮은 경우는 우선 흥미를 높일 수 있는 활동을 한다.

흥미도가 상위 그룹이면 흥미와 관심이 지속될 수 있도록 지적 자극을 제공하고, 문제를 다양한 측면에서 탐구하도록 격려한다. 만약 흥미도가 하위 그룹이면 우선 재미를 느낄 수 있도록 하는 게 먼저이다. 그래서 긍정적인 경험을 하고, 재미를 느낄 수 있도록 흥미로운 활동을 제공한다.

수학에 대한 자신감

자신감의 경우는 접근하는 방법이 다르다. 아이의 상태에 맞춰서 자신감을 가지고, 자신감을 유지할 수 있도록 안내한다.

자신감이 상위 수준인 아이는 자신감을 유지하고 적절한 수준의 성취를 이루도록 도와주면 된다.

자신감이 하위 수준이면 기초 개념의 이해와 부정적 피드백 2가지 관점에서 접근한다.

기초 개념이 부족해서 자신감이 없는 경우는 기초 개념을 이해하고 기본 문제해결에서 성취를 느낄 수 있도록 안내한다.

아이가 실패했을 때는 부정적 피드백이 아니라 실패에서 배우고 교훈을 얻을 수 있도록 관심을 주는 환경을 제공한다. 부정적 피드백을 없애고 실패에서 배우게 하는 것이 매우 중요한데 실천하기 까다롭고 어려운 측면이 있다. 그러나 부모들이 노력했을 때 좋은 결과를 가져온다.

수학에 대한 불안

불안도 중요한 한 가지 요인이다. 수학 불안이 높은 아이는 실패나 실수에 대해 유연하게 대처할 수 있도록 도와준다. 수학 불안은 낮은데 성취가 낮은 경우는 학습 방법과 학습 습관을 꼼꼼하게 모니터링한다.

수학에 대한 학습 의욕

수학에 대한 학습 의욕은 수학 학습에 대한 지속성과 자발성을 나타낸다. 학습 의욕이 높은 아이는 높은 의욕을 지속할 수 있도록 경험을 풍부하게, 학습 의욕이 낮은 아이는 성공 경험을 통해 학습 의욕을 높이도록 아이의 수준에 맞춰 안내한다.

수학 학습 의욕이 높으면 공부할 내용이 어려워져도 포기하지 않고 지속할 가능성이 높다. 학습 의욕이 높으면 수업 시간에 잘 참여하고, 수학 문제가 풀릴 때까지 계속 시도한다. 이러한 학생에게는 높은 학습 의욕이 지속될 수 있도록 흥미로운 수학 과제를 해결할 수 있는 다양한 경험을 제공한다.

수학 학습 의욕 하위 그룹은 어려운 수학 문제를 쉽게 포기하는 특징이 있다. 이럴 때에는 학생 수준에 맞는 문제를 해결하도록 안내한다. 성공 경험을 통해 학습 의욕을 높일 수 있도록 안내한다.

수학 학습 방법

수학 학습 상황에서 학생의 자기 관리 능력과 수학 학습 상황에서의 전략 사용을 측정한다.

수학 학습 자기 관리
수학 학습 상황에서 집중하고자 노력하는지, 계획을 세우고 시간 관리를 하는지, 스스로 학습에 임하는지 확인한다.

수학 학습 전략
수학 학습 상황에서 수학 문제에 대한 이해, 예습과 복습, 오답에 대한 검토, 문제 풀이 전략 등 다양한 학습 전략을 활용하는지 확인한다.

· 출처: 한국과학창의재단(2022), 『수학클리닉 사전진단 검사 매뉴얼(초등)』

수학 학습 자기 관리

수학 학습 자기 관리는 수학 학습에 집중하고, 계획을 세워 시간 관리를 하는 것을 본다. 자기 관리가 잘되지 않으면 공부 시간은 길어도 낮은 성취가 나타나기도 한다.

수학 학습 자기 관리 상위 그룹은 시간 관리를 잘하고, 수학 학습에 방해되는 상황을 관리한다. 자기 관리를 잘하는 아이는 적절한 칭찬을 통해 효과적인 자기 관리가 잘 유지되도록 한다.

수학 학습에 대한 집중도가 낮고 시간 관리가 미흡할 때는 아이가 스스로 집중도와 시간 관리에 문제가 있음을 깨닫게 한다. 계획을 세워서 아이가 스스로 할 수 있도록 세심하게 봐 준다. 할 일의 우선순위를 정하고, 현실적으로 달성 가능한 목표를 세우고, 실행 과정을 점검하고, 점검에 따라 계획을 수정하는 등 찬찬히 자세히 봐 줘야 한다.

경험과 실천이 차분히 형성되지 않은 단계로 이해하고 안내해 주면 도움이 된다. 계획을 잘 세워 실천했다면 그 시간이 아무리 짧더라도 성취감을 느낄 수 있도록 긍정적인 피드백을 해 준다. 그래서 시간 관리를 스스로 잘할 수 있도록 도와준다.

수학 학습 전략

수학 학습 전략은 수학 문제에 대한 이해, 예습과 복습의 준비, 오답에 대한 검토, 문제 풀이 전략 등 수학 학습에 활용할 수 있는 능력이다. 수학 학습 전략이 높은 그룹은 수학 문제를 잘 이해하고, 틀린 부분을 파악하고 검토한다. 예습과 복습에 대한 준비도도 높다. 상위 그룹에 속한 다른 학생들의 전략과 방법을 서로 배우고 나누는 것도 도움이 된다.

수학 학습 전략이 낮은 그룹은 문제를 이해하고 틀린 문제를 검토하는 데 어려움을 겪는다. 또 예습과 복습 등 수학 학습에 대한 준비가 낮은 편이다. 이럴 때는 오답 노트를 만들어 틀린 문제에 대해 어떻게 접근해야 하는지 자세하고 친절하게 안내한다. 아이가 어려워하면 하는 방법을 먼저 보여 주고, 자신감을 가지고 접근할 수 있도록 아이의 눈높이와 성향에 맞춰서 안내한다.

학습 동기, 학습 습관 등 자세한 안내 방법은『수학클리닉 사전진단 검사 매뉴얼』과『수학클리닉 이해와 실천』보고서에 있다. 부모들이 무심코 했던 칭찬이나 부정적 피드백에 대해서도 생각해 봐야 할 점이 많이 담겨 있다.

그동안 수학 공부를 어떻게 안내해야 할지 답답했던 부모와 교사라면 꼭 검사를 하고 도움을 받길 바란다. 검사 결과는 에스크매스 누리집에서 바로 확인할 수 있다.

그동안 했던 수학 공부를 다른 시각으로 바라보고, 피드백에 대해서도 점검해 볼 수 있는 좋은 기회가 된다. 항목의 내용과 결과에 따라 아이의 상태에 맞춰서 안내하는 방법을 알 수 있어서 큰 도움이 된다. 막연히 생각하던 것을 연구 결과로 안내하기 때문에 부모들도 자신감을 가지고 이야기할 수 있다.

다른 접근과 새로운 자료는 새로운 결과로 안내한다. 새로운 데이터는 새로운 정보를 준다. 아이가 푼 문제나 점수만으로는 알 수 없었던 세밀한 상황을 들여다보면, 부모가 아이에 대해 뭘 이야기해야 할지 힌트를 얻을 수 있다.

칸 아카데미: 수학의 기초 개념, 개념 간 연결이 중요하다

수학은 개념과 개념이 서로 연결되어 있다. 그러므로 기초 개념을 익히는 것이 매우 중요하다. 무엇보다 중요한 것은 하나의 개념에서 막혔을 때 아이들이 두려워하지 않고 용감하게 그 개념을 익힐 수 있도록 격려하는 일이다. 답답하더라도 어떻게 이런 것도 모를 수가 있느냐고 윽박지르면 안 된다. 아이들이 그 문제 말고 다른 문제를 잘 해결하는 것은 변하지 않았기 때문이다.

칸 아카데미 누리집

· 출처: ko.khanacademy.org

개념의 공백을 극복하고 자신감을 되찾다

✕ ✕ ✕

칸 아카데미는 수학 개념을 완벽하게 학습하는 데 도움이 되는 무료 프로그램이다. 살만 칸이 사촌 동생을 위해 만든 동영상을 사람들이 많이 보게 되면서 칸 아카데미로 발전하게 되었다. 칸 아카데미는 빌 게이츠가 극찬한 것으로도 유명하다.

살만 칸은 우연히 사촌 동생 나디아에게 수학을 가르치게 되었다. 나디아가 6학년 수학 시험을 망쳤기 때문이다. 살만 칸은 나디아가 똑똑한 아이라 자라서 컴퓨터 과학자나 수학자가 될 거라고 기대했다. 그런데 나디아가 수학 시험을 망쳐 자신감을 잃고 힘들어한 것이다.

미국에서는 6학년 수학 시험을 망치면 8학년 방정식 수업을 듣지 못하고, 12학년 미적분을 배우지 못한다. 방정식 수업을 듣지 못하고 미적분을 배우지 못하면 컴퓨터 과학자나 수학자가 될 수 없다. 나디아의 문제를 해결하기 위해 살만 칸은 원격으로 나디아에게 수학을 가르쳐 주었다.

막힌 개념 때문에 멘붕이 된 나디아는 수학을 못한다고 생각하고 주눅 들어 있었다. 살만 칸이 맨 처음에 한 일은 나디아가 어디서 막혀 있는지 찾아내는 거였다. 나디아가 막혀 있는 개념은 단위 변환이었다. 단위 변환은 '1kg은 1,000g이다.', '1m는 100cm이다.'처럼 하나의 단위를 다른 단위로 바꾸는 개념이다. 나디아는 다른 부분은 잘했다. 그런데 단위 변환만 나오면 얼어붙었다.

살만 칸은 이 문제를 해결하는 데 2가지 방법을 택했다.

첫 번째는 나디아가 모르는 걸 창피하게 생각하지 않도록 했다. 먼저 나디아에게 "네가 똑똑하다는 걸 알고 있고 판단하지 않겠다."고 말했다. 판단하지 않는다는 것은 특히 중요하다.

혁신적인 대학의 아이콘으로 떠오르는 미국의 올린 공대도 이 방법을 쓴다. 창의융합형 인재로 기르기 위해 환경 조성을 하는데, 학생들이 안전하게 실패해도 되는 환경을 만들었다. 구체적으로는 1학년 때 성적은 통과나 기록 없음으로 한다. 학생들이 실패해도 다시 도전하게 하려면 판단하지 않아야 한다. 그래야 두려움을 느끼지 않고 마음껏 도전할 수 있다. 틀리면 어떡하지 하는 불안감을 내려놓을 수 있다.

두 번째는 문제를 풀어 가는 과정에서 확실하게 알거나 모르거나 둘 중의 하나를 하도록 했다. 찍는 것도 안 되고, 애매하게 아는 건 확실히 아는 게 아니니까 모르는 것으로 했다.

공부를 제대로 하려면 대충 아는 게 아니라 명확하게 알도록 하는 게 중요하다. 알긴 알지만 그중 일부를 모르면 결국 모르는 게 쌓이게 된다. 그래서 살만 칸은 이것을 피해 갈 수 있도록 명확하게 아는 것만 아는 것으로 했다.

살만 칸은 수학을 개념과 개념이 서로 연결된 것으로 보고, 하나의 개념에 대한 이해가 부족할 때 이를 개념의 공백이라고 불렀다. 개념과 개념 사이에 빈 개념이 생기면, 그 빈 개념 때문에 새로운 개념의 이해가 어렵다. 나디아는 개념의 공백 문제를 해결하자, 다른 개념으로의 연결이 자연스러워져서 수학 공부를 계속할 수 있게 되었다.

또 하나 주목해서 볼 것은 심리적인 부분이다. 나디아는 단위 변환을 이해할 수 없을 때에는 목소리가 주눅 들어 있었다. 확실하게 이해한 게 아닌 경우에는 틀리면 창피할까 봐 답을 찍어서 말했다. 이 문제를 해결하기 위해 살만 칸은 나디아가 원래 똑똑한 아이라는 걸 알고 있다고 말해 주면서 나디아의 마음을 편안하게 해 주었다.

공부를 할 때는 알거나 모르거나 확실하게 2가지로 나누고, 찍어서 맞히는 것이 없게 하고, 애매한 상태로 다음 개념으로 넘어가지 않게 하는 것이 중요하다. 이 방식은 칸 아카데미 수학에서 같은 문제 10개를 연이어서 풀어야 아는 것으로 하는 것과 궤를 같이한다. 몇 개는 풀 수 있지만 연이어서 계속 풀려면 모르는 게 없어야 가능하다.

기초 개념은 서로 연결되어 있다

✖ ✖ ✖

기초 개념은 계단식으로 서로 연결되어 있다. 그래서 한 단계 한 단계 잘 이해하고 넘어가야 한다. 중간에 개념의 공백이 생기면 그 개념으로 돌아가거나, 아니면 그 개념의 이전 개념에서 기초를 탄탄히 해서 다시 밟아 가야 한다. 이 과정에서 모르는 것은 새로 배우고 익히면 된다.

아이들은 하나의 개념을 모르면 주눅 들거나 위축되기 쉽다. 그래서 모르는 것을 창피해하지 않고 배울 수 있는 자신감과 태도를 갖출 수 있도록 격려해 주는 것이 중요하다.

나디아는 살만 칸에게 친절하게 지도를 잘 받아서 막혀 있던 단위 변환 개념을 익히고 그 다음 진도를 수월하게 나갈 수 있었다. 무엇보다도 수학에 대해 위축되었던 마음을 극복하고 자신감을 찾을 수 있었다.

아이들이 특정한 수학 개념에 막혀 있거나, 수학에 자신감이 없을 때는 어떻게 도와줘야 할까?

첫째, 살만 칸이 나디아에게 해 준 것처럼 마음 놓고 실패해도 되는 환경을 만들어 준다.
둘째, 모르는 지점을 찾아서 그 개념을 명확하게 이해할 수 있게 해 준다.

개념의 공백이 있으면 메워 줘야 한다. 문제집을 들여다보고 막힌 곳을 찾아서 그 개념을 알 때까지, 안 게 확실해질 때까지 개념을 다져 주어야 한다. 수학 문제집을 꺼내 하나하나 확인하는 것이 번거롭다면 칸 아카데미 수학을 추천한다.

칸 아카데미 수학 소프트웨어는 1문제를 풀면 넘어가는 게 아니라 연속된 10문제를 풀어야 다음 단계로 넘어간다. 찍어서 풀면 1~2개는 맞혀도 10개를 계속 틀리지 않고 맞히기는 쉽지 않다.

수학만이 아니라 어떤 공부라도 틀려도 된다. 틀리면 배우면 된다. 어디에서 왜 틀렸는지, 뭘 모르는지 찾아서 해결하면 그 다음 단계로 씩씩하게 자신감을 가지고 나아갈 수 있다.

미국 중학교 캠프: 개념 공백 없이 차근차근 배우는 것이 효과적이다

칸 아카데미가 입소문이 난 뒤 그 콘텐츠를 공립학교에 적용해 볼 수 있는 기회가 생겼다. 살만 칸은 완전 처음부터 배우는 그룹과 학년 수준에 맞춰서 시작하는 그룹으로 나눠 진행했다. 두 그룹은 놀라운 차이를 보였다.

학생들은 개념과 개념 사이에 빈 개념이 있을 때 이해하지 못하고 어려워한다. 그런데 완전 처음부터 시작한 학생들은 처음에는 개념을 익히는 데 시간이 걸렸지만 제대로 익혔다. 1+1부터 시작한 학생들은 처음에는 느리게 이해했지만 일정 수준에 도달하고 난 이후부터는 더 빠르게 배웠다.

맨 처음부터 시작하면 시간이 걸리지만 제대로 배울 수 있다

✖ ✖ ✖

살만 칸은 칸 아카데미 수학을 페닌슐라 브리지라는 공립학교에서 여름방학 프로그램으로 선보였다. 6~8학년 학생들 대상이었다. 맨 처음부터 수학을 시작하는 그룹과 5학년 과정부터 시작하는 그룹으로 나누어서 진행했다.

프로그램을 시작하기 전에 살만 칸은 교사들과 어디서부터 할지 논의를 했다. 그런데 중학생인데도 맨 처음부터 시작하기를 원하는 교사가 많아서 맨 처음부터 배우는 그룹을 만들었다. 맨 처음은 1+1=2 더하기 계산부터 했다.

살만 칸은 기초 덧셈에서 시작하는 게 대상 학생들의 자존심을 상하게 하지 않을까 하는 생각이 들었지만 교사들의 뜻을 따랐다. 기초 덧셈부터 시작한 학생들을 보니 처음에는 여러 곳에서 막혔다. 두 자리 뺄셈에서 막히는 학생, 구구단을 전혀 모르는 학생, 분수나 나눗셈 등 기초 개념이 없는 학생이 많았다. 그럼에도 불구하고 처음부터 시작한 학생들은 개념을 해결하고 나면 다음 진도를 잘 따라갔다.

5학년에서 시작한 학생들은 이전에 배운 개념의 공백이 있을 경우 막히면 더 이상 진도를 나가지 못했다. 공백 개념 때문에 막혀서 다음 진도를 못 나가는 학생들도 이전의 개념을 찾아서 다시 공부하고 개념을 익히면 다음 단계로 나아갈 수 있다.

살만 칸도 처음에는 굳이 맨 처음부터 시작해야 할까 하는 생각을 했는데 결과는 무척 성공적이었다. 하지만 처음부터 시작하는 것은 아이들에게 정서적으로 다가가기 어려울 수 있다. 처음부터 하기 어렵다면 현재 상황에서 막히는 곳을 찾아서 그 개념의 선행 개념, 그 선행 개념의 선행 개념들로 개념의 줄기를 찾아서 공부하고 익히면 문제가 해결된다.

연계된 개념이 무엇인지 찾기 어려우면 그 전 학년의 같은 단원을 찾아서 공부하는 것도 도움이 된다. 하나씩 하나씩 단계를 낮춰서 찾아가다 보면 근원까지 내려갈 수 있다.

미국 중학교 여름 수학 캠프 이야기는 선행을 미리 하는 게 중요한 게 아니라 막힌 개념 없이 차근차근 완전히 이해하고 넘어가야 한다는 걸 알려 준다.

많은 학부모와 학생이 수학 공부를 할 때 선행 학습을 선택한다. 초등학생이 중학교 과정을, 중학생이 고등학교 과정을 미리 배우는 방식이다. 중학생이라 하더라도 실제로는 초등학교 수학에서 놓친 개념이 여럿 있거나 막혀 있을 수 있다. 천천히 이해하는 학생도 있다. 중요한 것은 막힌 개념이나 개념의 공백 없이 차근차근 배우고 익히는 것이다.

5

영국 케임브리지 엔리치 수학: 수학자처럼 생각하라

엔리치는 영국 케임브리지 대학교에서 운영하는 학교밖 수학 프로그램이다. 학교밖 수학 프로그램은 방과후 활동이나 여름방학 프로그램 등 특별활동에 해당한다. 학교 공부와 관련은 있지만 직접적인 연관성은 낮다. 엔리치는 영국에서 새천년을 준비하면서 만든 수학 프로그램으로 1996년부터 시작했다.

엔리치 누리집에 의하면, 엔리치의 목표는 모든 학생의 수학적 경험을 풍부하게 하는 것이다. 학생들이 수학에 대한 경험과 체험을 풍성하게 할 수 있게 해 준다. 문제·활동·게임 자료를 제공하며, 수학적으로 생각하기 코너도 있다. 학생들은 누리집 각 코너에서 제공

엔리치 누리집

· 출처: nrich.maths.org/

하는 콘텐츠를 사용해 문제 풀기, 활동하기, 게임하기, 수학적으로 생각하기 등을 경험할 수 있다.

엔리치 수학은 영국 케임브리지 대학교 수학과와 교육학부가 협력하여 만들었다. 문제해결에 중점을 두고 학생들이 토론과 탐구를 통해 배우게 한다. 3~18세의 유아, 초·중·고생을 대상으로 수천 개의 리소스를 무료로 제공한다. 제공하는 자료에는 수학 문제가 많다. 교사들을 지원하여 아이들에게 자신감을 주고 아이들을 회복력 있는 문제해결자로 키우려고 한다. 부모와 아이가 같이 문제를 풀어 봐도 좋다. 번역기를 사용하면 한글로 읽을 수 있다.

엔리치 누리집에 나와 있는 문제를 한번 보자. 도전 레벨은 5~11

세이다. 아이가 8세일 때 8을 만드는 다양한 방법을 찾는 문제이다. 6+2 같은 더하기, 22-14 같은 빼기도 가능하고 그 밖에 여러 가지 방법을 사용할 수 있다. 8을 만들어 보는 활동을 하는 동안 아이는 수학과 친해질 수 있다.

엔리치에서 제공하는 문제

나는 여덟 살이야

5~11
세 챌린지 레벨 ★

 이번 주 초에 교실에 들어갔을 때 한 아이가 달려와서 그날 자신이 8살이라고 말했습니다.

자, 오늘 생일이신 모든 분들 생일 축하합니다!

이 챌린지는 8을 만드는 다양한 질문 방법을 찾는 것입니다.

6 + 2 또는 22 - 14 또는 ...을 생각할 수 있습니다.

그러나 여러분이 알고 있는 다양한 수학적 아이디어를 모두 사용하는 예를 만들어 보십시오.

아마도 당신은 아무도 생각하지 않았을 것이라고 생각하는 8을 만드는 방법을 찾기 위해 스스로에게 도전할 수 있습니다.

· 출처: nrich.maths.org/55

아이가 8세가 아닌 경우에는 아이의 나이를 사용하면 된다. 굉장히 다양한 방법이 나올 수 있다. 누리집에는 세계 여러 곳에서 학생들이 제출한 답이 있다. 10세인 학생이 10을 만든 결과물도 있다.

패턴을 찾고, 수를 만드는 여러 가지 방법은 아이가 경험할 수 있는 문제들이다. 문제집에서 흔히 보는 수학 문제와 유형이 매우 다르다. 다양한 수학적 경험을 원한다면 이 누리집에 있는 여러 활동이 힌트가 될 수 있다. 도전 레벨에 나이가 표시되어 있고, 교사를 위한 자료도 있고, 다른 학생들이 제출한 답도 있다. 그 밖에 새로운 답을 찾으면 누리집에 제출해도 된다.

영국 케임브리지 대학교에서 엔리치 프로그램에 대해 설명을 들을 기회가 있었다. 그때 배운 것 중에서 인상적인 한 가지는 학생들에게 절대로 답을 가르쳐 주지 않는다는 것이었다. 학생이 생각을 해서 스스로 답을 찾아가도록 했다. 문제에 대해서 학생들이 물어보면 답 대신에 학생이 생각할 수 있는 적절한 질문을 던져 준다. 그 질문을 매개로 학생이 스스로 찾아가게 하는 게 엔리치의 특징이다.

엔리치는 수의 유창함, 추론, 문제해결 역량을 강조한다. 특정 수학 영역을 배운 결과보다 수학에 대한 사고방식이 핵심이다. 아이들이 어느 한 부분을 잘 배우는 것도 중요하지만 그것보다 수학에 대한 사고방식을 더 중요하게 다룬다. 아이들이 수학에 대해 호기심이 있고, 자료가 풍부하고, 회복탄력성이 있고, 협력할 때 더 잘 배운다고 생각한다.

추론은 수학을 통한 논리적 사고력이고, 문제해결은 수학의 중요한 부분이다. 문제 풀이가 아니라 문제해결이 중요하다.

엔리치 초등 과정에서 핵심적인 질문은 매력적이다. 핵심 질문은 "어떻게 아이들이 더 호기심 많은 수학자가 되도록 격려할 수 있을까?"이다. 우리에게 익숙한 방식인 정해진 시간 안에 안 틀리고 풀게 할 수 있을까가 절대 아니다.

초등 과정 질문의 근거는 다음과 같다.

- 좋은 생각을 하는 사람이 호기심이 많고 좋은 질문을 한다.
- 새로운 아이디어에 흥분하고 그것을 탐구하고 조사하는 데 열심이
다. 더 호기심이 많고 좋은 질문을 하려면 어떻게 격려해야 할까?

수학자처럼 생각하기

✖ ✖ ✖

엔리치는 모든 학생이 풍부한 수학적 경험을 하고 성장할 기회를 가
져야 한다고 믿고 활동한다. 수학자를 키우는 것보다는 수학자처럼
생각하고 문제를 해결하는 방법을 알려 주는 프로그램이다.

엔리치 수학을 해 보면 수학에 대해 다르게 접근할 수 있다. 수
학자들은 뭘 하고 어떻게 생각하기에 '수학자처럼 생각하기' 프로그
램을 운영할까?

2022년 필즈 메달을 수상한 허준이 교수의 서울대 축사를 통해
수학자가 뭘 하는 사람이고, 수학자의 사고방식이 뭔지 알 수 있다.

"수학은 무모순이 용납하는 어떤 정의도 허락합니다. 수학자들
의 주요 업무가 그중 무엇을 쓸지 선택하는 것인데, 언어를 어떻게
사용할 것인가에 대해 가능한 여러 가지 약속 중 무엇이 가장 아름

다운 구조를 끌어내는지가 그 가치의 잣대가 됩니다."

수학자나 과학자들이 수학으로 문제해결을 할 때 어떻게 하는지를 간단한 말로 잘 표현했다. 모순이 없으면 일단 다 가능하다. 그중에서 고를 때는 가장 간단하고 아름다운 것을 기준으로 고른다.

다음 세대의 문제해결자는 수학적 사고를 배워서 문제를 해결한다. 지금 수학의 개념을 하나씩 배우고 익히는 시점에서 나중에 아이가 커서 수학이 어디에 쓰일지를 생각해 보자. 그 시기에 만나는 복잡한 문제를 창의적이고 독창적으로 해결하는 기저에는 근본적으로 생각을 전개하고 문제를 단순화하는 데 수학이 사용된다.

엔리치 수학은 단순히 수학적인 내용을 배우는 것보다 더 큰 의미가 있다. 학생이 놓친 개념에 초점을 맞추기보다 학생이 성취한 것에 집중하도록 내러티브를 바꾸는 것을 제안한다. 수학적 사고력을 중요하게 다루고, 문제해결과 추론을 강조하는 특징이 있다.

엔리치는 성공적인 수학자의 특징 5가지를 제공한다.

성공적인 수학자의 특징에서 수학자처럼 생각한다는 것은 문제를 끈기 있게 해결한다는 것이다. 내가 알고 있는 것에서 시작해서 수학적 사고를 연결하고, 도구를 이용하고, 추론을 사용해서 해결책을 찾는다. 끈기 있게 문제를 해결하고, 찾은 추론을 다른 사람에게 설명한다. 그리고 스스로 옳다고 확신할 수 있다.

수학자처럼 생각하기는 생각을 강조하는 말이다. 보통 수학을 생각하는 힘을 키우는 과목이라고 한다. 그중 핵심이 수학자처럼 생

성공적인 수학자의 특징 5가지

이해	수학은 연결된 아이디어의 네트워크이다. 나는 내가 이미 알고 이해하고 있는 것에 수학적 사고를 연결할 수 있다.
도구	문제해결에 도움이 되는 도구 모음이 있다. 도구를 사용하여 연습하면 더 나은 수학자가 될 수 있다.
문제해결	문제해결은 수학의 중요한 부분이다. 나는 나의 이해, 기술, 추론을 사용하여 해결책을 찾는 데 도움을 줄 수 있다.
추론	수학은 논리적이다. 나는 내 생각이 옳다고 스스로 확신할 수 있고 내 추론을 다른 사람에게 설명할 수 있다.
태도	수학은 의미가 있으며 시간을 할애할 가치가 있다. 나는 수학을 즐길 수 있고 끈기 있게 잘할 수 있다.

· 출처: nrich.maths.org/14682

각하기이다. 수학에서 배워야 할 것은 수학의 내용뿐만 아니라 수학적 사고력, 수학자들이 문제를 해결할 때 하는 사고방식을 배운다는 말이다.

엔리치는 학교밖 프로그램이기 때문에 수학 교육과정과 연결한 자료를 제공한다. 자료는 수와 연산, 대수, 측정, 기하, 통계를 학년별로 제공한다. 교육과정에서 다루어야 하는 것들을 자세히 정리했다. 영국 누리망이어서 우리나라 교육과정은 나와 있지 않는데, 우리나라 교육과정과 비교해서 활동할 수 있다.

엔리치가 주는 시사점은 수학의 목표 자체를 수학자처럼 생각하고 다음 세대의 문제해결자 키우기라고 명확하게 이야기하는 것이다. 또한 문제해결에 수학이 근본적인 역할을 한다는 걸 보여 준다.

수학을 교과서나 문제집에 있는 문제 풀이가 아니라, 개념을 생각하고 전개하는 수학자들의 사고방식 관점에서 접근한다.

수학은 단지 시험을 보는 데, 대학을 가는 데만 필요한 게 아니다. 이 프로그램은 학생들이 수학을 풍성하고 다양하게 체험하는 강점도 있지만, 수학을 어디에 사용하는지 궁금한 사람들에게 힌트가 된다.

6

인도 닥샤나 재단: 수학 공부로 인생이 바뀌다

인도의 STEM 인력들이 실리콘밸리에 진출하고 있다. 인도는 구구단이 아니고 19단을 외우는 곳이다. 빈부 격차가 심한 인도의 취약 계층 학생들에게 수학 공부를 시켜서 인생을 완전히 다르게 바꿔 주는 사회공헌 재단이 있다. 바로 닥샤나 재단이다.

모니시 파브라이는 인도계 미국인 사업가이며 투자자로서 파브라이 인베스트먼트 펀드의 파트너이다. 전설적인 투자자 워런 버핏과의 점심 한 끼를 경매로 하는 유명한 이야기가 있는데 파브라이는 그 경매에서 당첨된 사람이다. 그가 워런 버핏과 점심 한 끼에 지불한 값은 65만 1,000달러(약 8억 원)였다.

파브라이는 워런 버핏이 투자자로 엄청 유명한데 정작 워런 버핏의 방법을 따라 하는 운용사는 없다는 걸 파악했다. 그래서 워런 버핏의 운용 방법을 따라 하는 파브라이 인베스트먼트 펀드를 만들었다. 파브라이는 세대를 대표하는 투자 명인으로 꼽힌다.

파브라이는 자산을 사회에 환원하기 위하여 닥샤나 재단을 설립했다. 닥샤나 재단은 슈퍼 30과 같이 취약 계층의 재능 있는 청소년들을 지원한다. 인도 최고의 명문 인도공과대학 IIT 입시를 준비시켜 주는 프로그램이다. IIT 졸업생들은 구글이나 마이크로소프트 같은 기업에서 탐내는 인재로 알려져 있다.

슈퍼 30과 닥샤나 재단 프로그램

✖ ✖ ✖

파브라이는 신문 기사에서 수학교육자 아난드 쿠마르가 인도 시골 지역에서 무료 교육을 하고 있다는 걸 알게 되었다. 쿠마르가 운영하는 슈퍼 30은 인재 양성 무료 기숙학교이다. 슈퍼 30의 장점을 알아 본 파브라이는 쿠마르에게 슈퍼 30의 확대를 부탁했다.

슈퍼 30은 높은 실적을 내고 있었다. 쿠마르는 매년 취약 계층 고등학교 졸업생 30명을 뽑아서 공부시켰다. 많은 인도의 취약 계층 학생이 슈퍼 30을 통해 인도 최고의 대학인 인도공과대학 IIT에 합격했다. 이 이야기는 영화로도 제작되었다.

쿠마르는 학생들에게 밥까지 해 먹이면서 공부를 가르쳤다. 파브라이는 쿠마르에게 슈퍼 30을 더 많은 학생에게 제공해 주자고 제안했으나, 쿠마르는 30명 이상은 하지 못한다고 했다. 그래서 파브라이는 프로그램 사용권을 허락받고 프로그램을 복제하여 닥샤나 재단 프로그램을 운영하게 되었다.

파브라이는 1년에 한 번 직접 인도에 가서 학생들을 만나 수업을 한다. 파브라이가 강의하는 영상은 유튜브에 있다. 학생들은 어떻게 부자가 되었는지 질문하고, 파브라이는 학생들에게 복리를 가르친다. 복리는 경제에서 중요한 개념이다.

슈퍼 30과 닥샤나 재단 프로그램은 인도의 취약 계층 학생들에게 희망을 주고 인도 사회를 변화시키고 있다. 인도에서 취약 계층 학생들을 선발해서 최고의 공과대학인 IIT 입학을 준비시켜 주는 프로그램은 우리 사회에 여러 가지를 시사한다.

첫째, 인생을 바꾸는 데는 공부가 진짜 중요하다.
둘째, 청소년들의 인생을 바꿀 수 있는 프로그램이 필요하다.
셋째, 쿠마르나 닥샤나 재단과 같은 사람 혹은 기관의 역할이 중요하다.

파브라이는 슈퍼 30을 보고, 재능 있는 10대 청소년들에게 삶을 변화시킬 수 있는 기회를 제공하고 가난에서 벗어나도록 돕는 모델이라고 인식했다. 결국 슈퍼 30의 사용권을 얻어 이를 실천했다. 지금은 규모가 굉장히 커졌고, 공과대학뿐만 아니라 의과대학까지 보내는 것으로 확대되었다.

인도 학생들은 IIT를 통해 실리콘 밸리로 간다. 파브라이가 지원해 준 학생들 중 한 명은 IIT를 나온 뒤 구글에 취업해서 1년 만에 빈민가에서 살던 부모님께 아파트를 선물했다. 구글에 취업한 이 학생은 취약 계층 아이들의 롤모델이 되었다.

롤모델이 나올 정도이다 보니 이 프로그램에는 학생들이 계속 몰리고 있다. 이제 재능 있는 청소년들이 열심히 공부해서 가난에서 벗어나는 일이 가능해졌다. 인도뿐만 아니라 세계를 변화시키는 여러 모델이 생기기를 기대한다.

7

컴퓨터 기반 수학 1: 계산을 가르치지 말고 진짜 수학을 가르쳐라

최근에는 항상 스마트폰을 가지고 다니다 보니 앱이나 계산기를 언제나 쓸 수 있다. 이런 환경에서 수학이 뭘 해야 하는지, 어떤 수학을 배워야 하는지에 대해 콘라드 울프람이 한 이야기를 소개한다.

울프람은 수학 계산도 하고 그림, 그래프도 그리는 공학 도구 소프트웨어 울프람알파를 개발한 사람이다. 그는 계산 대신 컴퓨터로 진짜 수학을 가르치자고 한다. 컴퓨터가 발달한 세상에서 수학의 역할을 생각하는 데 도움이 된다는 것이다.

· 출처: wolframalpha.com/

울프람은 TED 강연에서 수학 교육이 바뀌어야 한다고 주장했다.

"우리는 수로 가득 찬 세상에 살고 있다. 실제 세계에서 수학은 모델링과 시뮬레이션으로 수학자, 지질학자, 생물학자 등 여러 사람들에 의해 완성된다."

실제 세계에서는 수학이 많이 쓰인다. 모델링과 시뮬레이션을 수학자만 하는 게 아니다. 기후 변화와 지진 등의 연구, 우주 연구, 건강 관련 데이터, 백신 개발, 과학기술을 소개할 때 모두 수학을 통해서 이야기한다.

획기적인 경제 발전에는 새로운 기술 혁신이 있다. 이 기술 혁신을 가져오는 직업에 수학이 중요하다. 사람들이 일상적으로 경험하는 정부의 통계나 보통 사람들이 쓰는 은행의 이율, 대출 금리 등은 숫자로 표현한다. 이것들을 제대로 이해하려면 수에 능통해야 한다. 또 논리적 사고를 배우고 익히려면 수학적 방법을 배워야 한다.

울프람은 수학을 왜 가르쳐야 하는지에 대해서 다음 3가지 이유를 제시한다.

첫째, 기술 직업은 오늘날 경제 발전에 매우 중요하다.

둘째, 오늘날 경제에서 대출이나 정부 통계를 제대로 이해하려면 숫자에 능통해야 한다.

셋째, 논리적 사고력의 개발에 필수적이다.

울프람의 수학 문제

✖ ✖ ✖

울프람알파 수학 문제

울프람이 보여 주는 수학 문제는 '내가 술이 취했나?'이다. 영어로 '내가 술이 취했나?'를 입력하면 울프람알파는 혈중 알코올 농도를 계산한다. 마신 술의 양, 술을 마신 사람의 체중, 술을 마시고 난 후 지난 시간을 입력하면 혈중 알코올 농도를 계산한다. 그리고 미국에서 법적으로 허용되는 혈중 알코올 농도 값을 보여 준다. 술을 마신 후 경과한 시간과 알코올 농도를 그래프로 표현한다.

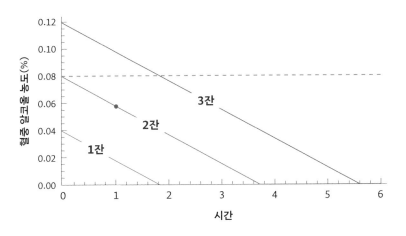

울프람알파 초등 수학에 대한 계산을 보자. 분수 계산이다.

$\frac{1}{6}+\frac{5}{12}+\frac{3}{4}$을 입력하면 정확한 결과 $\frac{4}{3}$를 준다. 단계별 솔루션을 눌러 보면 공통분모 12를 찾고 각 분수의 분모를 12로 바꾼다. $\frac{2}{12}$ $+\frac{5}{12}+\frac{9}{12}$로 바꾼 다음 계산하는 과정을 하나하나 다 보여 준다. 계산의 중간 과정을 자세히 친절하게 설명해 두었다.

울프람은 우리가 수학을 한다고 할 때, 실제로 하는 그 수학을 4

단계로 정리했다. 이 말은 계산하는 것 말고 진짜로 수학을 하는 것을 의미한다.

1단계는 제대로 된 질문을 하는 것, 2단계는 실제 세계의 문제를 수학 문제로 바꾸는 것, 3단계는 계산, 4단계는 수학 문제로 계산한 결과를 실제 세계로 전환하고 검증하는 것이다.

울프람은 학교에서 수학 수업을 할 때 3단계만 많이 하고 1단계, 2단계, 4단계를 거의 못하는 문제를 해결하기 위해서는 컴퓨터를 사용해야 한다고 주장한다. 3단계 계산을 컴퓨터를 사용하면 1단계, 2단계, 4단계를 할 시간을 확보할 수 있다는 것이다.

'내가 술이 취했나?'라는 질문을 혈중 알코올 농도 구하는 문제로 전환하는 게 실제 세계의 문제를 수학 문제로 바꾸는 것이다. 혈중 알코올 농도를 구하는 데 필요한 변수를 써서 혈중 알코올 농도를 계산하는 것이 3단계 계산이다.

혈중 알코올 농도가 나왔을 때 해당 국가의 법에서 허용 가능한 수치인지 아닌지 비교해서 술이 취했는지 안 취했는지 판단하는 게 4단계 수학 문제이다. 이렇게 계산한 결과를 실제 세계로 전환하고 검증하는 것이다.

실제 세계에서 좋은 질문을 하고, 이 질문을 수학 문제로 전환한다. 수학 문제로 전환했으면 수식을 사용하고 계산을 한다. 계산 결과를 실제 세계의 문제로 다시 전환해 검증하는 게 실제 세계에 수학이 사용되는 방식이다.

이 전체 단계를 하려면 좋은 질문하기, 질문에서 수학적 문제로 변환하기, 계산하기, 계산 결과를 실제 상황으로 돌리기 등 단계에 따라 수학적 능력, 언어 능력, 다른 과목의 지식 등 여러 가지와 결합된다. 수학 문제에서 수학적인 계산을 하고 답을 도출하는 것에만 수학이 한정된 것은 아니다.

울프람은『Math Fix』라는 책에서 이를 다음과 같이 정교화했다.

① 문제를 정의하기
② 계산 가능한 형태로 추상화하기
③ 계산해서 답을 찾기
④ 결과를 해석하기

컴퓨터에 기반을 둔 수학

✗ ✗ ✗

울프람은 실제 세계의 문제와 손으로 계산하는 수학 문제 사이의 갭을 메우기 위해 컴퓨터에 기반을 둔 수학을 해야 한다고 지속적으로 주장한다. 컴퓨터를 사용해서 계산한다면 손으로 계산하는 것을 전제한 것과 많이 달라진다. 개념과 도구가 더 강조된다. 문제를 정의하고 추상화하는 능력에 개념이 더욱 정교하게 작용한다.

실제로 울프람은 미적분을 어린 딸에게 가르쳐 준 것을 예로 든다. 손으로 계산할 때는 계산이 어렵기 때문에 미적분을 늦게 배우게 되지만, 도구를 이용하면 늦게 배울 이유가 없다는 것이다.

울프람은 강의 동영상에서 딸에게 가르쳐 준 개념을 보여 준다. n각형에서 n을 매우 크게 하면 원이 된다. 다각형에서 원으로 바뀌는 걸 보여 준다. 슬라이드를 오른쪽으로 옮기면 다각형이 그냥 원이 된다. 슬라이드에서 오른쪽으로 보내면 n은 커진다. 다각형이 원이 되는 것을 눈으로 쉽게 볼 수 있다.

손가락을 오른쪽으로 쭉 옮기는 건 누구나 할 수 있는 일이다. 슬라이드를 옮겨서 n각형을 원으로 만드는 이런 기능은 한국과학창의재단에서 운영하는 알지오매스에서도 구현되어 있다.

울프람은 컴퓨터와 도구를 쓰면 어린아이들도 미적분을 알 수 있다는 논리로『Math Fix』에서 새로운 커리큘럼을 제안한다. 커리큘

울프람이 제안하는 새로운 커리큘럼

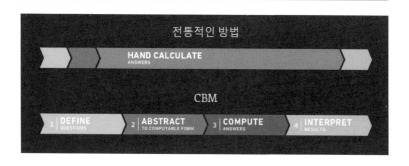

· 출처: www.computerbasedmath.org/case-for-computer-based-math-education.php

럼은 5개의 영역으로 구성되어 있다. 영역은 수학의 설계, 기하, 데이터 과학, 모델링, 정보 이론이다. 울프람이 제안한 근거는 컴퓨터를 사용할 때와 손으로 계산할 때 할 수 있는 게 다르다는 것이다.

울프람은 기존의 수학 교육이 개념적 어려움보다는 계산의 어려움에 치중되어 있으니 컴퓨터에 기반을 둔 수학으로 전환하자고 주장한다. 손으로 하는 계산은 줄이고 문제를 정의하고, 계산 가능한 형식으로 추상화하고, 결과를 현실 세계로 전환해서 해석하는 걸 늘려야 한다는 제안이다.

전통적인 방법은 대부분이 손으로 하는 계산에 배정되어 있다. 컴퓨터를 항상 사용할 수 있는 환경이라면 수학과 수학 공부에 대해서 다르게 생각해 봐야 한다.

사고력 때문에 수학은 점점 더 중요해질 것이다. 다만 수학을 가르치는 방식에 대해서는 개방적이고 열린 사고가 필요하다. 과학자들은 문제에 대해 답을 하는 것보다 질문을 하는 것이 중요하다고 항상 말해 왔다.

질문이 중요하다. 남들과 다른 질문을 해야 다른 결과를 가져올 수 있다. 울프람의 주장도 이와 일맥상통한다. 질문을 하고 문제를 정의하는 일은 21세기 교육에서 중요하게 다루고 익히고 훈련해야 할 부분이다.

8

컴퓨터 기반 수학 2: 수학적 모델링과 수학 과제에 많이 노출시켜라

전통적인 수학 계산이 아니라 수학 역량을 키우고, 아이들이 수학 공부를 제대로 하는 데 도움이 되려면 수학적 모델링과 수학 과제에 많이 노출되면 된다. 아직은 학교 현장에 있는 교사들도 수학 과제와 수학적 모델링을 많이 접해 보지 못한 상황이다.

앞으로 수학은 수학적 모델링을 점점 더 많이 다루게 될 것이다. 코로나 19의 확진자 수 예측이 수학적 모델링의 결과이다. 방역 정책을 수립하기 위해서는 유행 규모와 중환자 발생 수준 등의 기초 자료가 사용된다.

확진자 수 예측은 수학자들의 활동 결과 중 최근에 언론에 가장 많이 노출되었다. 감염재생산지수에 따른 유행 규모 예측도 뉴스에서 종종 들을 수 있었다. 감염재생산지수는 감염자 1명이 바이러스를 옮기는 환자 수를 뜻한다. 이 값이 1보다 크면 1명이 1명보다 많이 옮겨서 환자를 만드는 거니까 유행이 확산된다.

수학적 모델링은 수학적 모델을 개발하는 과정이다. 수학적 모델은 수학 개념을 사용해 시스템을 표현한 것이다. 쉽게 생각하면 뭔가를 수식으로 표현한 것이다. 수학적 모델링은 과학, 공학, 인문 사회, 예술 분야에 골고루 사용된다.

우리가 눈으로 보는 컴퓨터 그래픽에 수학적 모델링이 사용된다. 애니메이션과 영화에도 수학식이 사용된다. 파도의 물결 모양을 표현하는 데 수학적 모델을 쓰면 훨씬 자연스럽다. 영화 「모아나」와 「명량」의 파도, 물의 표현에 수학이 쓰였다. 이제는 수학자도 영화를 작업할 때 같이 일한다. 방역을 할 때도 같이 일한다. 여러 분야에서 상황을 시뮬레이션할 때 수학이 쓰인다.

엔리치 수학의 수학적 모델링과 수학자처럼 일하기

✖ ✖ ✖

영국의 엔리치 수학에서는 수학적 모델링을 '수학자처럼 일하기'의 한 과정으로 본다. '수학자처럼 일하기'는 8가지 종류의 문제로 구성되어 있다. 문제를 풀면서 개념을 이해하도록 되어 있다. '수학적 모델링'은 그중에서 일곱 번째에 있다.

'수학자처럼 일하기' 문제 구성

1	구조 탐색 및 주목	학생들이 구조를 탐색하고 알아차리는 문제
2	전략적으로 생각하기	학생들과 함께 사용할 전략적 사고에 관한 문제
3	시각화	학생들과 함께 사용할 시각화 문제
4	표현	학생들과 함께 사용할 표현에 대한 문제
5	체계적으로 일하기	체계적으로 작업하기 위한 문제
6	질문을 하고 추측하기	학생들에게 질문을 던지고 추측하는 문제
7	수학적 모델링	학생들과 함께 사용할 수학적 모델링에 대한 문제
8	추론, 정당화, 설득력 및 증명	추론, 정당화, 설득, 증명에 대한 문제

· 출처: nrich.maths.org/8963

'구조 탐색 및 주목'은 학생들이 구조를 탐색하고 알아차리는 문제이다. 문제를 정의하고 해결하려면 우선 구조를 파악해야 한다. '전략적으로 생각하기'는 학생들과 함께 사용할 전략적 사고에 관한 문제이다. '시각화'는 눈으로 잘 볼 수 있게 '표현'하는 문제이다.

'체계적으로 일하기'는 작업을 체계적으로 하기 위한 문제이다. 수학자들이 체계적으로 일하기 위한 단계를 설명한다. 전체 구조를 탐색하고 파악한 다음 전략적으로 접근한다. 구조에 전략을 더해 시각화하고 표현한다. 그리고 체계적으로 작업한다.

이제 질문이 시작된다. 질문을 하고 추측하고, 수학적 모델링을 하고, 추론·정당화·설득을 하면 전체 일이 마무리된다. '수학자처럼 일하기'를 배우면 어느 분야에서든 체계적으로 전략적으로 일을 배울 수 있다.

수학 과제를 할 때 학생들이 경험해 볼 수 있는 수학적 모델링은 상당히 광범위하게 나와 있다. 영국 엔리치 수학은 수학적 모델링 문제를 별도로 웹사이트에서 제공한다. 수학이 어디에 어떻게 쓰이는지 잘 알 수 있다.

수학적 모델링 프로젝트 수업 콘텐츠 개발

✖ ✖ ✖

2018년 한국과학창의재단에서는 '수학적 모델링 프로젝트 수업 콘텐츠 개발'이라는 연구 과제를 수행했다. 이 보고서는 한국과학창의재단 누리집 성과물에서 찾아볼 수 있다. 예시는 효율적인 진료 대기 시스템, 공평한 예매 방법, 싼 주유소 찾기, 효율적인 공중화장실, 고속도로 통행료, 최적의 택배 허브센터 위치, 구내식당 예상 식수, 최적의 주문량, 택배 상자, 보일러 연비 높이기 등이 있다.

병원에는 예약을 하고 가도 늘 기다린다. 효율적인 진료 대기 시스템은 어떻게 예상 진료 시간을 안내하면 될지 수학적으로 생각해 보는 문제이다. 어떤 값을 데이터화하고 안내해야 할지 생각해 볼 수 있다.

공평한 예매 방법은 선착순 예매 방법 말고 공평한 예매 방법에 대해 수학적으로 생각해 보는 문제이다.

싼 주유소 찾기는 기름이 거의 다 떨어져 갈 때 어느 주유소를 가야 가격이 싼지 수학적으로 생각해 보는 문제이다. 현재 위치를 기준으로 거리가 가깝고 싼 주유소를 찾는다.

나머지 문제들도 이런 식으로 실제 생활에서 일어날 법한 일들을 수학적으로 생각해 보는 문제들이다.

이 문제들은 이전에 풀던 방식으로 계산 능력을 확인하는 문제들과는 다르다. 우선 문제 상황을 이해해서 조건과 식으로 표현해 낸다. 이것은 울프람이 이야기한 1단계이다. 실제 생활의 문제를 수학적 문제로 바꾸는 것이다. 동시에 수학자처럼 일하기 문제 구성으로 보면 1단계부터 6단계까지에 해당한다. 학생들이 다루기 쉽도록 조건과 식을 통해 결과를 확인하는 과정, 비슷한 조건으로 다른 상황에 응용하는 과정이 포함된다.

자료집을 이용하면 제공된 소스 코드를 볼 수 있다. 이는 특정한 프로그램을 사용해서 학생들이 코딩하고 결과를 확인해 볼 수 있도록 한다. 수학 문제를 푸는 데 실제로 사용한 소스 코드를 경험해 볼 수 있다.

수학적 모델링 문제나 수학 과제를 다루면 실제 상황에서 변수를 정의하고 수학적으로 문제를 해결한다. 이 과정에서 상황을 함축하고, 추상화하고, 단순화하고, 중요한 부분에 집중하는 경험을 하게 된다.

다양한 예시를 통해 수학이 문제해결에 어떤 역할을 하는지 체험해 볼 수 있다. 문제를 해결하는 과정을 따라가다 보면 논리적 사고를 키울 수 있다. 왜 그렇게 생각했는지 이야기하면 자신이 어떤 식으로 사고하는 사람인지도 알 수 있다.

세계적 수학 평가의 트렌드는 컴퓨터 기반 평가이다

✖ ✖ ✖

팀스TIMSS와 피사PISA는 국제적으로 성적을 비교하는 프로그램이다. 팀스는 초등학교 4학년, 중학교 2학년, 피사는 만 15세 대상이다. 팀스는 지식을, 피사는 역량을 묻는다. 인공지능 시대를 살아갈 아이들의 활동 무대를 생각하면 성취의 국제 비교에 대해 정책 결정자나 연구자뿐만 아니라 학부모도 관심을 가질 필요가 있다.

아이들은 자라서 우리나라뿐만 아니라 글로벌 세계에서 활동할 가능성이 점점 더 높아지고 있다. K팝이나 K영화의 추세로 보면 세계적으로 도약하는 분야가 점점 많아질 테고 거의 모든 분야로 확대될 수도 있다.

허준이 교수는 "미국의 아이비리그 대학에 입학하는 학생들은 대학 수준의 수학을 다루고 입학한다."고 했다. 우리나라 학생들은 수학을 많이 하는 것 같은데, 실제로 다루는 것은 적은 편이라고 한다. 국제적으로 다른 학생들과 겨루어야 한다면 깊이 생각해 봐야 할 문제이다.

한 가지 방법은, 탁월하거나 우수한 성취를 보이는 학생들이 진로선택의 심화 과목을 공부하는 것이다. 2015 개정 교육과정에서 전문교과I로 편성되었던 과목들이 2022 개정 교육과정에서 과학 계열 진로선택과목으로 편성되었다. 이제 학생들이 선택해서 공부할 수 있는 길은 열려 있다.

과학계열 특목고 선택과목

수학	과학		정보
진로선택	진로선택	융합선택	진로선택
전문수학 이산수학 고급기하 고급대수 고급미적분	고급물리학 고급화학 고급생명과학 고급지구과학 과학과제연구	물리학실험 화학실험 생명과학실험 지구과학실험	정보과학

2장

실제 수학 교육
현장은 어떻게
바뀔 것인가?

유네스코 2050과 OECD 2030을 통해 미래 교육의 방향을 짚어 본다.

2025년부터 시행되는 2022 개정 교육과정에서의 변화와 2021년부터 고등학교에 새롭게 신설된 과목인 인공지능수학은 어떤 과목이며 어떤 내용을 다루는지 알려 준다.

2021년부터 바뀐 문·이과 통합형 수능에서 수학 수능 범위와 점수 계산법을 다룬다. 수능에서 수학 과목을 선택하는 방법과 점수 계산법이 달라진 이유는 고등학교에서 대학 전공과 관련해서 연계성 있게 공부하라는 것이다.

1

미래 교육의 방향

교육의 미래를 다룬 2가지 중요한 보고서가 나왔다. 하나는 유네스코에서, 또 다른 하나는 OECD에서 발간했다. 유네스코 국제미래교육위원회는 2050년을 내다보면서 교육의 미래를 상상했다. OECD 보고서는 보통 교육 2030이라 부르는데, 미래의 학습에 대해 다룬다. 두 보고서는 공통적으로 미래의 불확실성과 이에 대해 학생들이 적극적으로 참여하고 대비할 것을 강조한다.

유네스코 2050

✖ ✖ ✖

유네스코 국제미래교육위원회는 2050년을 내다보면서 「함께 그려 보는 우리의 미래 - 교육을 위한 새로운 사회계약」이라는 제목의 보고서를 발간했다. 유네스코한국위원회에서 번역했는데, 이 책에서 강조하는 것 중에서 2가지를 소개한다.

하나는 모든 학생을 지식의 생산자로 본다. 학생을 지식을 배우는 사람에서 지식을 만들어 내는 사람으로 본다는 뜻이다.

다른 하나는 학습 방법으로 문제 지향적인 프로젝트를 매우 강조한다. 문제 지향적인 프로젝트는 실제 세계의 문제를 다루는 프로젝트이다. 이때 프로젝트는 한 가지 학문 분야에 속해 있는 게 하니라 학문 분야를 넘어선다. 실제 세계의 문제로 학문의 분류 체계가 아니라 문제해결을 하는 방법을 배우는 게 중요하다.

학생들에게는 '식수가 부족한 아프리카 아이들을 도와줄 수 있는 방법' 같은 문제보다는 아이들이 살고 있는 지역의 구청이나 주민센터에 가서 해당 공무원들이 해결하려고 하는 우리 동네 문제를 구체적으로 제시하는 프로젝트가 실제 세계와 연결이 쉽다. 실제로 아프리카에 식수가 부족하긴 하지만 교실에서 구상한 게 아프리카까지 연결되기는 쉽지 않기 때문이다.

문제를 해결한 결과는 교실에서 발표하고 끝나는 게 아니라 사회를 변화시킬 수도 있다. 동네 하천이나 수돗물 상태, 교실 공기의

질 등에 대해 구체적으로 자료를 찾아보면서 공부하고 문제를 정의하면 해결하는 방법을 찾아나가는 경험을 할 수 있다. 동네 독거노인의 도시락 배달 문제를 해결하는 방법을 찾을 수도 있다.

유네스코 2050에서 주장하는 교육의 혁신은 다음과 같다.

"교사와 학생은 인류의 공유지식에 의해 풍성해지고 지식 추구자와 지식 생산자의 공동체를 만들어야 한다. 여기에는 이미 존재하는 것과 새로 만들 수 있는 것에 대한 사고가 포함되어야 한다."

유네스코 2050에서는 공부하는 모든 학생을, 지식을 생성할 능력이 있는 지식 생산자로 본다. 앞으로는 지식을 배우고 익히는 것뿐만 아니라 지식 생산자로서 지식을 만들어 내는 게 중요하다는 걸 간파하고 있다. 따라서 학생들은 아직 존재하지 않은 것을 새로 만들 수 있는 사고력을 배워야 한다.

지금까지 지식의 생산자는 주로 학자들이었다. 그런데 일부 학자들만 지식을 생산한다고 보지 않고 모든 학생을 지식의 생산자로 본다. 이 차이는 매우 크다.

유네스코 2050에서 두 번째로 눈여겨 볼 대목은 학습 방법이다. 학생들은 미래에 새로운 문제와 기회를 맞이할 것이고, 세상은 계속 바뀔 것이다. 이에 학생들이 새로운 문제와 기회에 직면할 수 있는 역량을 갖추는 방식을 제안한다. 바로 문제와 프로젝트에 집중하는 방식이다. 이 문제 지향적인 프로젝트로 학생들은 지식과 문해력을 발전시킬 수 있다고 본다.

또한 세상은 고정된 게 아니라 변화하고 있다는 걸 인식하고, 문제와 프로젝트에 초점을 맞춘다. 학생들이 실제 세계에서 문제를 해결한 경험은 학생들의 학습에 대한 열정으로 연결된다. 현장에서 오래전부터 실제 세계의 문제 중심 프로젝트 학습을 이야기한 것과 일맥상통한다.

지식을 익히기 위해서는 잘 설계된 프로젝트보다 실제 세계와 연결된 프로젝트로 발전시켜야 한다. 실제로 세상과 연결된 문제에 대해 긍정적인 영향을 끼친 경험은 학생들의 공부 의욕을 끌어내고 자신감과 자존감을 높이는 데 좋은 촉매제가 된다.

OECD 교육 2030

✖ ✖ ✖

OECD는 2018년에 OECD 교육 2030을 발표했다. 지식과 스킬, 가치, 태도를 강조한 것이 특징이다. 지식 획득과 함께 활용할 수 있는 스킬이 있어야 하고, 이러한 지식과 스킬을 획득할 수 있도록 하는 힘, 획득한 후에 또는 획득 과정에서 생기는 가치와 태도까지 매우 중요한 범주로 올렸다.

OECD 교육 2030에서 중요하게 보는 역량은 다음 3가지이다.

첫째, 새로운 가치 창조하기

둘째, 갈등과 딜레마 조정하기

셋째, 책임감 갖기

이는 지식과 스킬을 가지는 것 이상으로 미래사회에 학생들이 문제를 해결하기 위해서 새로운 가치를 창조하고, 복잡한 갈등 상황에서 책임감을 가지고 조정하는 것까지 역할이 확장되는 걸로 해석할 수 있다.

유네스코 국제미래교육위원회가 모든 학생을 지식의 생산자로 본 것처럼 OECD 교육 2030에서도 '새로운 가치 창조하기'를 첫째 역량으로 보았다. 새로운 지식의 생성과 새로운 가치의 창조는 미래교육에서 학생들이 누구나 갖춰야 할 가장 중요한 역량이다.

미래사회에는 지식 암기가 아니라 지식 생산과 가치 창조가 중요하다. 지식을 생산하고 가치를 창조하는 방법을 배우려면 암기 중심으로 하는 학습 방법이 문제해결 중심으로 전환될 필요가 있다. 유네스코 미래교육위원회가 문제 중심 프로젝트 학습을 제안한 것도 같은 이유이다.

문제 중심 프로젝트 학습은 실제 세계의 문제를 중심으로 프로젝트 학습을 한다는 것이다. 이것은 학문 분야의 지식을 공부하고 주제나 개념들이 실제 생활에서 어떻게 사용되는지, 다른 주제와 개념으로 어떻게 연결되고 확장되는지 발견해 보는 학습 경험을 가지는 것을 말한다. 유네스코 미래교육위원회가 말하는 문제 중심 프로젝트 학습은 OECD 2030에서 말하는 역량 교육을 하는 방법론과도 일치한다.

2011년부터 교육부와 한국과학창의재단에서 해 온 STEAM 교육은 이러한 맥락과 정확히 일치한다. 교과 간 융합이나 학습과 실생활의 융합 등 다양한 융합을 통해 실제 세계의 문제를 해결해 보는 경험을 지향한다.

실제 세계의 문제는 하나의 과목에 한정되어 있지 않다. 이런 경우에 융합 교육이 수반된다. 실제 세계의 현상에서 문제를 정의하고, 정의한 문제를 해결하기 위한 방법을 설계하고, 문제를 해결한다. 문제를 해결한 학생은 성공적 경험을 통해 스스로 자신감과 자부심을 얻는다. 이 자신감은 새로운 문제를 탐구할 자신감으로 발전한다.

문제를 정의하는 순간 문제를 해결하는 방법의 설계까지 다 되어 있을 수도 있다. 많은 과학자가 문제 정의가 가장 중요하다고 언급하는 이유이다. 문제를 다르게 정의하면 다른 해결책이 나온다. 다른 방식으로 질문하면 생각이 다르게 발전하고 전개된다.

실제 세계의 현상에서 문제 정의, 문제해결, 성취감까지 일련의 학습 과정을 설계하고 STEAM 교육에서는 이것을 상황 제시, 창의적 설계, 감성적 체험이라 불렀다. 교사는 상황 제시를 하고, 학생은 문제 정의부터 문제를 해결하는 전 과정을 경험한다.

OECD 2030은 학생들이 미래사회 변화에 대응하는 능력을 중시하는데, 크게 2가지 능력을 중요하게 본다. 학생 주도성과 변혁적 역량이다. 학생 주도성은 급변하는 미래사회에서 스스로를 믿고 주도해 나가기 위해서 필요한 능력이고, 변혁적 역량은 세상과 이웃에 긍정적 변화를 만들어 나가는 데 필요한 능력이다.

OECD 2030은 개인과 사회 차원의 웰빙도 강조한다. 학습은 개인의 삶에 중요한 영향을 미친다. 학습 결과로 얻은 성적은 다음 학교로 진학할 때뿐만 아니라 취업할 때도 쓰인다. 학습 과정에서 배운 자신감과 자존감, 관계를 맺는 역량은 일생에 걸쳐 삶에 깊은 영향을 준다. 학습은 학습의 결과, 학습의 활용뿐만 아니라 개인의 삶,

OECD 교육 2030 학습 개념틀(제6차 IWG 회의)

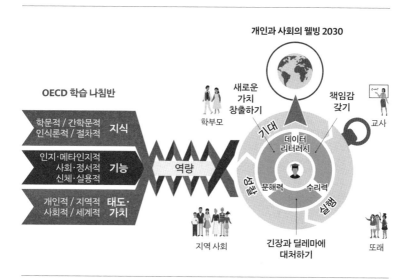

· 출처: 교육부

사회적 역할로 연결된다. OECD 2030은 교육에서 이것을 모두 중요하게 다루었다.

유네스코가 2050년을 내다보면서 한 미래 교육의 구상과 OECD 교육 2030에서는 학습에서 중요하게 생각하는 것이 맥락적으로 모두를 위한 교육의 질 향상, 지속가능 발전 목표와 맞닿아 있다. 인공지능, 로봇과 같은 기술 발전과 교육 혁신의 큰 담론이 아니더라도 학생들은 급변하는 미래에 잘 대비할 수 있어야 하고, 미래사회의 주역으로 자신의 잠재력을 최대한 실현할 기회를 가져야 한다.

자신의 잠재력은 스스로 무언가를 시도하고, 실패하고, 성공할 때까지 그 누구도 알 수 없다. 내가 무언가에 성공했을 때 다른 사람들은 내가 원래 그런 사람이라고 생각한다. 정작 나는 그것을 왜 성공했는지, 무엇 때문에 성공에 이르렀는지 정확히 모른다. 어쩌다 보니, 이런저런 시도를 하다 보니 되었을 뿐이다. 다른 사람들은 성공과 실패 사이를 분석하고, 왜 성공했는지 왜 실패했는지 해설을 붙인다.

타고난 잠재력을 실현하기 위해서는 자신에게 기회를 주고 잠재력을 이끌어 내기 위한 많은 시도를 꾸준히 해 봐야 한다. 우리 아이들도 마찬가지이다.

2022 개정
수학과 교육과정

2022 개정 수학과 교육과정 설계의 개요

· 출처: 교육부(2022)

2022 개정 교육과정은 학년별로 시차를 두고 적용된다. 학년별로 자세히 보면 다음과 같다. 초등학교 1, 2학년은 2024년, 초등학교 3, 4학년은 2025년, 초등학교 5, 6학년은 2026년부터 새 교육과정에 따른 교과서로 배울 예정이다. 중학생과 고등학생은 1학년 2025년, 2학년 2026년, 3학년은 2027년부터 시행될 예정이다.

2023년에 초등학교 1학년에 입학하는 학생은 1학년 때는 2015 개정 교육과정으로 배우고, 2학년 때는 2022 개정 교육과정으로 배운다. 2015 개정 교육과정과 2022 개정 교육과정 사이에 차이가 있

2022 개정 교육과정 적용 연도(대상 학년은 2023년 기준)

연도	2023년	2024년	2025년	2026년	2027년	2028년	2029년
2022 개정 교육과정 적용 학년		초1/초2	초3/초4 중1/고1	초5/초6 중2/고2	중3/고3 2028 수능		
중3	중3-2015 교육과정	고1-2015 교육과정	고2-2015 교육과정	고3-2015 교육과정 /2027 수능	재수생 2028 수능		
중2	중2-2015 교육과정	중3-2015 교육과정	고1-2022 교육과정	고2-2022 교육과정	고3-2022 교육과정 / 2028 수능		
중1	중1-2015 교육과정	중2-2015 교육과정	중3-2015 교육과정	고1-2022 교육과정	고2-2022 교육과정	고3-2022 교육과정 / 2029 수능	

연도	2023년	2024년	2025년	2026년	2027년	2028년	2029년
초6	초6-2015 교육과정	중1-2015 교육과정	중2-2015 교육과정	중3-2015 교육과정	고1-2022 교육과정	고2-2022 교육과정	고3-2022 교육과정 / 2030 수능
초5	초5-2015 교육과정	초6-2015 교육과정	중1-2022 교육과정	중2-2022 교육과정	중3-2022 교육과정	고1-2022 교육과정	고2-2022 교육과정
초4	초4-2015 교육과정	초5-2015 교육과정	초6-2015 교육과정	중1-2022 교육과정	중2-2022 교육과정	중3-2022 교육과정	고1-2022 교육과정
초3	초3-2015 교육과정	초4-2015 교육과정	초5-2015 교육과정	초6-2022 교육과정	중1-2022 교육과정	중2-2022 교육과정	중3-2022 교육과정
초2	초2-2015 교육과정	초3-2015 교육과정	초4-2022 교육과정	초5-2022 교육과정	초6-2022 교육과정	중1-2022 교육과정	중2-2022 교육과정
초1	초1-2015 교육과정	초2-2022 교육과정	초3-2022 교육과정	초4-2022 교육과정	초5-2022 교육과정	초6-2022 교육과정	중1-2022 교육과정
7세	누리 과정	초1-2022 교육과정	초2-2022 교육과정	초3-2022 교육과정	초4-2022 교육과정	초5-2022 교육과정	초6-2022 교육과정

는 내용들은 교수학습 자료로 배포된다.

실제로 소프트웨어 업계에서는 수학을 모르면 고차원의 업무를 하기 어렵다고 이야기한다. 수학이 인공지능 시대 4차 산업혁명의 기초라고 수학계에서 주장하면서, 개념과 실행의 기본이 되는 행렬을 어디에 배치하면 좋을지 광범위한 의견 수렴을 했다. 행렬의 위

2015 개정 교육과정(고등학교 수학)

공통	필수	수학(B)
선택	일반	수학I 수학II 확률과 통계
	진로	기하 실용수학 경제수학 수학과제탐구 인공지능수학
	전문	심화수학I 심화수학II 고급수학I 고급수학II

2022 개정 교육과정(고등학교 수학)

공통과목	공통수학I, 공통수학II, 기본수학I, 기본수학II
일반선택	대수 미적분I 확률과 통계
진로선택	미적분II, 기하 경제수학, 인공지능수학 직무수학
융합선택	수학과 문화 실용통계 수학과제탐구
진로선택 (특수목적고)	전문수학, 이산수학 고급기하, 고급대수, 고급미적분

치에 대해 교사들을 대상으로 의견 수렴을 하고, 의견 수렴 결과를 반영하여 위치를 정했다.

2022 개정 교육과정에서 고등학교 수학 과목은 옆의 표와 같이 바뀐다. 행렬은 모든 학생이 알아야 하는 기본 개념으로 공통과목인 공통수학1에 들어갔다.

과학고등학교 학생들이 배우던 전문교과는 진로선택으로 편성되었다. 선택과목은 2015 개정 교육과정에서 일반선택, 진로선택이었는데 일반선택, 진로선택, 융합선택 3개의 카테고리로 확대되었다.

융합선택과목에는 수학과 문화, 실용통계, 수학과제탐구 과목이 있다. 공통수학보다 조금 더 쉬운 과목은 기본수학 과목이다. 진로선택에 있는 특수목적고 과목도 일반 고등학교에서 개설하여 들을 수 있다.

2022 개정 교육과정에서 가장 차이 나는 부분은 내용 체계표이다. 핵심 아이디어를 뽑고 내용 요소를 '지식 이해', '과정 기능', '가치 태도'로 나눠서 썼다. 수학을 배우는 데 핵심적인 내용을 핵심 아이디어로 쓰고, 수학의 개념은 '지식 이해'에, 수학을 하는 과정과 방법은 '과정 기능'에, 수학을 통해 획득하려는 가치나 태도는 '가치 태도'에 기술되어 있다. 이제 2022 개정 교육과정은 교과서로 만들어져서 학교에서 수업하게 된다. 2022 개정 교육과정에 따른 수능은 정책연구와 협의를 거쳐 2024년에 발표할 예정이다.

예전부터 공부에는 왕도가 없다고 했다. 수학 공부도 왕도는 없다. 그냥 공부를 해야 한다. 개념을 찬찬히 배우고 익혀서 그 다음 학습 과정에 준비되어 있는 게 최선이다. 혹시 개념이나 배움에 비어 있는 곳이 있으면 그걸 찾아서 찬찬히 익히고 나서 다시 배우면 된다. 복잡한 문제에 컴퓨터와 기계가 많이 쓰일수록 근본이 되는 개념을 찬찬히 익혀서 준비하는 게 바람직하다.

학생들이 왜 배우는지, 어디에 쓰는지 모르고 미래를 대비해서 찬찬히 공부하기는 쉽지 않다. 왜 배우는지, 어디에 쓰는지에 대한 경험을 늘려 주는 지혜가 필요하다. 인공지능이나 다른 기술 분야에서 많이 사용되는 수학을 실제로 체험해 보는 기회를 가지면 학생들이 수학의 쓰임을 알기 쉽다.

인공지능을 다룰 때 많이 사용되는 행렬과 벡터, 통계를 2022 개정 교육과정에서 다음과 같이 정리했다. 행렬은 공통수학I에, 공간벡터는 기하에 자리 잡았다. 2015 개정 교육과정에서는 2차원 평면벡터까지 다루었는데, 2022 개정 교육과정에서는 3차원 공간벡터까지 다룬다. 통계는 초·중·고 전체에 걸쳐서 실생활 자료 중심의 통계 교육이 강화된다.

미래사회에 많이 쓰일 개념들을 수학 개념의 순서에 맞게 재배치했다. 일차방정식 2개를 연립해서 푸는 것을 행렬로 나타낼 수 있다. 행렬을 다룬다고 해서 미리 어려울 거라고 생각하지 않았으면 한다. 연립방정식도 행렬식으로 전환할 수 있다.

2022년 필즈상을 받은 허준이 교수가 대한민국과학축제에서 아들이 낸 문제에 관한 이야기를 했다. 아들이 동그라미를 가지런히 그려서 몇 개인지 세어 보라고 하는 문제를 냈는데, 곱셈을 이용해서 금방 맞히니까 아들이 곱셈으로 하기 어렵도록 삐뚤빼뚤 불규칙한 동그라미를 그려서 세어 보라고 했다는 것이다.

주어진 문제에 대해서 풀이를 하는 것보다 질문하는 능력, 문제를 내는 능력이 더 중요하다. 문제를 내려면 생각을 해야 한다. 정해진 테두리 안에 생각을 가두지 않고 훨씬 더 넓게 생각을 발전시킬 수 있다. 이렇게 하면 게임처럼 느껴진다.

억지로 공부하라고 하지 않아도 재미있게 문제를 풀 수 있다. 아이는 신나서 문제를 내고 그걸 맞히는 건 또 얼마나 재미있을까? 생각을 조금만 바꾸면 아이의 보는 시각을 넓히고, 사고력을 키울 수 있다. 이게 미래사회에서 필요한 역량을 키우는 일이다.

인공지능 기초, 인공지능수학 과목은 무엇인가?

인공지능이 우리의 삶에 엄청난 영향을 미칠 것이 예견되고 있다. 이에 대비해서 고등학교에 인공지능과 관련하여 두 과목이 생겼다. 인공지능 기초 과목과 인공지능수학 과목이다.

2022 개정 교육과정에서 정보 과목에 인공지능 영역이 들어가는데, 다른 과목들도 인공지능과 연결되는 과목이 많다. 인공지능 기초 과목은 정보 교사가 담당하고, 인공지능수학 과목은 수학 교사가 담당한다. 인공지능수학 과목에서 뭘 다루는지 알아보자.

인공지능 기초 과목:
인공지능의 원리를 다룬다

✖ ✖ ✖

교육부와 한국과학창의재단은 학생들이 학교와 나이에 맞게 배워야 할 인공지능 내용, 즉 인공지능 내용 기준을 정리했다. 그중에서 고등학교에 해당하는 내용 중 일부를 인공지능 기초 과목에 담았다.

인공지능 기초 과목은 인공지능의 원리, 기계학습, 딥러닝을 다룬다. 인공지능의 사회적 영향에 대해 알아보고, 인공지능 프로젝트 실습도 해 보는 과목이다. 인공지능이 다양한 분야와 결합해서 새로운 가치를 만들어 내는 데 도움이 된다는 걸 배우며, 인공지능 프로젝트를 진행하면서 윤리 문제까지 다룬다.

인공지능 기초 핵심 아이디어

- 인공지능은 인간의 지능적인 행동을 모방하는 것으로 실생활에 도움을 준다.
- 탐색과 추론으로 문제를 해결하는 인공지능을 구현하는 것은 다양한 학문 분야에 활용된다
- 기계 학습 기반의 인공지능을 구현하기 위해서는 문제해결에 적합한 데이터와 기계 학습 모델을 활용한다.
- 딥러닝은 다중의 은닉층으로 구성된 인공신경망으로 복잡한 문제를 효과적으로 해결하는 데 활용된다.
- 인공지능이 현대 사회에 끼치는 영향력이 커지고 있고, 이에 따라 직업의 변화 속도가 빨라지고 있다.
- 인공지능을 올바르게 활용하기 위해서는 인공지능에 의해 발생할 수 있는 윤리적 문제에 대한 이해가 필요하다.

– 인공지능은 다양한 분야와 융합하여 새로운 가치를 창출하는 데 도움을 준다.

– 인공지능은 지속가능 발전 목표를 달성하는 데 도움을 준다.

인공지능수학 과목:
수학과 인공지능의 관련성을 다룬다

✖ ✖ ✖

인공지능수학은 인공지능 분야에 수학의 어떤 개념과 원리가 사용되는지 이해하고 이를 활용해 보는 과목이다. 인공지능수학 과목은 2020년 9월에 인공지능 기초 과목과 같이 신설되었다. 고1 때 공통 과목인 수학을 듣고 나서 고2나 고3 때 들을 수 있다.

인공지능수학 과목은 인공지능이 데이터를 처리하고 의사결정을 하는 데 수학이 어떻게 활용되는지 사례를 경험하면서, 수학과 인공지능의 관련성에 대한 이해를 돕는다. 벡터, 행렬, 추세선, 함수, 미분계수 등이 인공지능에 쓰이는 수학이다. 자세한 내용은 다음 표에 있다.

2015 고등학교 수학 과목

학교급	학년	보통교과			전문교과
		공통 과목	선택과목		
			일반 선택과목	진로선택과목	
고등학교	1	수학		기본수학 실용수학	확률과 통계

2		수학I		기하	심화수학I
		수학II		경제수학	심화수학II
3		미적분		수학과제 탐구	고급수학I
		확률과 통계		인공지능수학	고급수학II

· 출처: 교육부

2022 고등학교 수학 과목

고등학교				과학 계열 특목고 선택과목
공통과목	일반선택	진로선택	융합선택	진로선택
공통수학1, 2 (기본수학 1, 2)	대수 미적분I 확률과 통계	미적분II 기하 인공지능수학 경제수학 직무수학	수학과 문화 실용통계 수학과제 탐구	전문수학 이산수학 고급기하 고급대수 고급미적분

· 출처: 교육부(2022)

2022 개정 교육과정에는 인공지능수학 과목에서 핵심적으로 다루는 아이디어가 다음과 같이 정리되어 있다.

인공지능수학 핵심 아이디어

- 수학은 인공지능의 기반이 되며 인공지능 기술 전반에 활용된다.
- 집합, 벡터, 행렬 등은 인공지능의 데이터 처리에 이용된다.
- 확률, 함수, 미분 등에 기반을 둔 인공지능 기술은 데이터의 경향성을 파악하고 최적화하며 합리적인 의사결정을 하는 데 사용된다.
- 인공지능으로 실생활 문제를 해결하는 과정에는 수학적 원리가 활용된다.

인공지능수학 과목이 다루는 내용은 인공지능과 수학, 자료의 표현, 분류와 예측, 최적화이다. 인공지능이 자료를 입력받고 처리하여 의사결정하는 순서로 배치되어 있다.

인공지능이 수행하는 의사결정 방법 분류, 예측, 최적화 등에 사용되는 수학적 원리를 이해하고 인공지능의 적용 사례와 함께 수학을 배운다. 수학적으로 자료를 표현하는 방법, 자료를 기반으로 분

인공지능수학 내용 체계

영역/핵심 개념	일반화된 지식	내용 요소	관련 학습 요소
인공지능과 수학	수학은 인공지능의 발전을 이끌어 왔으며, 인공지능 기술 전반에 활용되고 있다.	인공지능과 관련된 수학	진리표 순서도
자료의 표현	수와 수학 기호는 자료를 효과적으로 표현할 수 있는 도구이고, 인공지능이 다루는 자료는 수학을 이용하여 표현된다.	텍스트 자료의 표현 이미지 자료의 표현	벡터 행렬
분류와 예측	인공지능을 이용하면 자료를 정리, 분석하고 패턴을 찾아 새로운 대상에 대한 분류와 예측을 할 수 있으며, 이때 확률과 함수 등이 활용된다.	자료의 분류 경향성과 예측	유사도 추세선 조건부 확률
최적화	인공지능은 자료를 기반으로 합리적인 의사결정을 내리는 기술을 제공하고, 이때 주어진 자료에 가장 적합한 의사결정 모델을 찾기 위해 함수를 만들고 최적화하여 문제를 해결한다.	최적화와 의사결정	함수의 극한 이차함수의 미분 계수 손실함수 경사하강법

· 출처: 교육부(2020)

2장 _ 실제 수학 교육 현장은 어떻게 바뀔 것인가?

류하거나 예측하는 방법, 최적화를 통해 합리적으로 의사결정하는 과정을 경험한다.

인공지능을 이용한 문제해결 과정에 수학이 핵심적으로 활용된다. 아직도 수학을 시험 보려고 공부하는 과목으로 아는 학생이 많다. 실제로 수학을 공부해서 시험 보는 데만 써서 그런 것이다. 인공지능 수학은 학생들에게 수학이 실제 세계에 얼마나 유용하게 쓰이는지를 느끼도록 도와주는 과목이다. 실제로 체험을 해 보면 아이들

인공지능을 이용한 문제해결 과정에 활용되는 수학 개념

		관련된 수학 내용
인공지능과 수학	대수	진리표, XOR 문제
	해석	알고리즘, 순서도
	확률과 통계	베이즈 기반 확률적 방법
자료의 표현	대수	벡터, 행렬, 집합
	해석	그래프
	확률과 통계	정형 자료, 비정형 자료, 범주형 자료, 연속형 자료, 상대도수, 평균, 표준편차
분류와 예측	대수	회귀분석, 추세선, 결정계수, 코사인 유사도, 거리
	해석	일차함수, 지수함수, 삼각함수, 시그모이드 함수
	확률과 통계	통계적 확률, 조건부 확률, 산점도, 상관관계
최적화	대수	선형회귀, 공분산
	해석	함수, 미분, 편미분, 다변수 함수
	확률과 통계	조건부 확률, 분포

· 출처: 교육부·한국과학창의재단(2021), 『인공지능수학 핵심교원 연수 자료집』

의 인식이 달라진다.

인공지능수학 과목의 교수 학습 방법과 유의사항에 다음과 같은 내용이 있다.

"실제 세계에서 사용되는 텍스트 자료나 이미지 자료를 수와 수학기호를 사용해서 다양한 방식으로 표현하고 토론하는 활동을 한다. 텍스트 자료나 이미지 자료를 수와 수학기호로 표현할 때 공학적 도구를 이용할 수 있다. 이미지 자료는 각 픽셀의 위치로 나타내는 가로, 세로 좌표와 색깔을 나타내는 정보로 구성됨을 이해하게 한다."

수학 공부 방법도 조금씩 바뀌고 있다. 개념과 원리 이해, 문제풀이에서 공학 도구를 활용하거나, 실제 세계의 문제를 다루는 것으로 확장되고 있다. 학생들은 수학 공부를 할 때 애스크매스(askmath. kofac.re.kr)의 AI웹실험실을 사용하여 영화평이나 댓글 같은 텍스트를 다룰 수 있다. 영화평이나 댓글을 분류하고 거기에 어떤 수학이 사용되는지 볼 수 있다.

수학은 실제 세계의 상황과 문제를 문자로 나타내고 수식으로 표현한다. 이들 사이의 패턴과 관계를 수식을 풀어서 규명하고, 이걸 해석하는 데 수학이 사용된다.

예측과 최적화의 성취 기준은 다음과 같다.

- 데이터를 분석하여 사건이 일어날 확률을 구하고 이를 예측할 수

있다.

- 공학 도구를 사용하여 데이터의 경향성을 추세선으로 나타내고
  이를 예측에 이용할 수 있다.
- 손실함수를 이해하고 최적화된 추세선을 찾을 수 있다.
- 경사하강법을 이해하고 최적화된 예측을 위한 인공지능의 학습
  방법을 설명할 수 있다.

실제로 인공지능이 어떻게 일하는지, 그때 쓰이는 수학이 무엇
이고, 수학적 방법론을 어떻게 쓰는지 이해하게 된다. 이 방법을 정
확히 이해하면 인공지능이 산출한 결과물에 대해 해석하는 능력도
높아질 것이다. 이 능력은 21세기에 인공지능과 같이 문제를 해결할
때 반드시 갖춰야 할 능력이다.

문·이과
통합형 수능 수학

2022학년도부터 문·이과 통합형 수능이 시작되었다. 2015 개정교육과정이 문·이과 통합형 교육과정이었기에 이제 학교 교육과정에는 문·이과가 없다. 그에 따라 수능도 문·이과 수학으로 나뉘었던 것을 문·이과 통합형으로 본다. 구체적으로 뭐가 바뀐 걸까? 제대로 공부하려면 어떻게 해야 하는 걸까?

문·이과로 나눠서 운영했던 예전 교육 제도의 흔적으로 편의상 수능에서 사회탐구를 선택한 학생은 문과, 과학탐구를 선택한 학생은 이과로 불렸다. 2021학년도 수학 기준으로는 가형을 선택한 학생은 이과, 나형을 선택한 학생은 문과로 보았다.

2022학년도 수능부터 공통+선택, 통합형으로 바뀌었다. 가형·나형으로 나누어 가형은 가형대로 성적을 내고, 나형은 나형대로 성적을 내던 게 없어졌다. 문·이과 구분 없이 전체 학생의 성적을 하나로 매긴다.

2021학년도와 2022학년도 수능 수학 영역 출제 과목

	2021학년도		2022학년도
가형(이과)	수학I, 확률과 통계, 미적분	공통	수학I, 수학II
나형(문과)	수학1, 수학II, 확률과 통계	선택	확률과 통계, 미적분, 기하 중 택 1

수학 시험은 확률과 통계, 미적분, 기하를 선택한 학생 전체를 대상으로 성적을 산출한다. 수능은 확률과 통계, 미적분, 기하 세 과목 중에서 하나를 고르고 수업은 진로에 맞춰 들어야 한다. 확률과 통계, 미적분, 기하 세 과목 중에서 한 과목만 공부하면 되는 게 아니다.

그리고 고등학교에서 수업을 들을 때는 대학 전공에 필요한 과목을 반드시 이수해야 한다. 핵심 권장 과목 이수 여부와 어떤 과목을 시험 보았느냐에 따라 대학 입시에 승패가 갈린다. 핵심 권장 과목은 꼭 들어야 하는 과목이다.

공통+선택 과목:
대학 전공에 필요한 과목을 미리 배운다
✖ ✖ ✖

문·이과 통합형 수학은 문·이과 구분 없이 통합해서 시험을 본다는 말이다. 2021년 11월에 시행한 '2022학년도 수능'부터 바뀌었다. 공통+선택은 시험 범위에 대한 말이다. 시험 범위는 공통 부분이 있고 선택할 수 있는 부분이 있다.

시험 범위를 선택할 수 있다면 뭘 선택해야 할지 우리는 선택의 기로에서 늘 갈등한다. 물건을 선택할 때도 갈등하는데 수능 시험 범위를 선택하라고 하면 골치가 아프다. 다행히 기준이 되는 사항이 있다.

서울대학교에서 전공에 따라 어떤 과목을 반드시 들어야 하는지, 반드시 들으라고 한 것은 아니지만 듣기를 권장하는 과목들을 발표했다. 자세히 알고 싶다면 서울대학교 입학처 누리집에서 검색해 보길 바란다. (107쪽 서울대학교 전공 연계 이수 과목 안내 참조)

수능 수학 과목을 선택할 때 고민된다면 2022년 수능 결과에 힌트가 있다. 기본 흐름은 반드시 들어야 할 과목을 듣고, 그 과목을 시험 보는 것이다.

2022학년도 수능 시험부터 공통+선택형으로 된 건 국어와 수학 과목이다. 공통과목이 있고, 선택과목 중에서 한 과목을 선택해서 시험을 본다. 2022학년도 수능은 2022학년도에 대학 신입생이 될 학생들이 치르는 수능으로 2021년 11월에 치러졌다. 즉 2021년 11월부터 수능 시험 범위를 국어와 수학 과목을 골라서 봤다.

수학 과목의 공통 범위는 수학I과 수학II이다. 선택과목은 확률과 통계, 미적분, 기하 중에서 한 과목을 선택해서 시험을 본다. 수능 시험은 문항이 총 30번까지 있다. 공통과목 문제가 앞에 있고, 뒤에 선택과목 문제가 나온다. 1번부터 22번까지 22문항은 공통 범위의 문제이고, 23번부터 30번까지 8문항은 선택 범위의 문제이다.

2021학년도 수능은 수학 가형, 수학 나형으로 나뉘어져 완전히 분리되어 있었다. 공통+선택형이 아니었다. 세 과목 중 한 과목을 선택하는 게 아니고 자연대·공대·의대 쪽으로 진학할 학생은 가형을, 인문대·사회대 쪽으로 진학할 학생은 나형을 시험 봤다. 편의상 이것을 이과, 문과로 불렀다.

2015 개정 교육과정은 문·이과 통합형이다. 이 문·이과 통합형 체제에서 공통+선택형 수능을 봤다. 2021학년도에는 1등급이 4%로 정해져 있어서 학생들이 많이 선택하는 과목이면 1등급 학생 수가 많아지는 구조였다. 그러다 보니 학생들이 몰리는 과목에 점점 더 몰리는 경향이 생겼다.

공통+선택형으로 바뀐 과목은 전체를 하나로 보는 거니까 수학 나형 확률과 통계에 몰리던 현상은 점차 없어질 것으로 예측되었다.

2022학년도 수능 결과, 1등급 학생 수 비율이 선택과목별로 다르게 나왔다. 확률과 통계를 선택한 학생은 10.5%, 미적분을 선택한 학생은 86%, 기하를 선택한 학생은 3.5% 나왔다.

수능 수학 선택과목 현황

	확률과 통계	미적분	기하	계
응시자 수	222,011명	170,484명	37,304명	429,799명
응시자 비율	51.6%	39.7%	8.7%	100.0%
1등급 학생 수	1,893명	15,507명	631명	18,031명
과목 응시자 중 1등급 비율	0.86%	9.09%	1.69%	4.19%

· 출처: 교육과정평가원(2021). 2022학년도 대학수학능력시험 보도자료

응시자 비율은 확률과 통계 51.6, 미적분 39.7, 기하 8.7%였다. 1등급 학생 수는 18,031명이었다. 과목별로 1등급을 받은 학생 수를 계산해 보면 확률과 통계 1,893명, 미적분 15,507명, 기하 631명이었다.

과목별로 선택한 학생 수와 1등급 학생 수를 계산해 보면 전체 패턴이 나타난다. 2022학년도 수능에서 이렇게 처음으로 시험을 봤고, 처음 나타난 현상이다. 학생 수와 과목 선택 학생 수 비율을 계산해 보면 확률과 통계 0.86%, 미적분 9.09%, 기하 1.69%가 나온다.

이것은 학생들의 공통점수 평균을 반영한 것이다. 수학I, 수학II가 공통이다. 확률과 통계를 선택한 학생들의 공통문항 평균, 미적분을 선택한 학생들의 공통문항 평균, 기하를 선택한 학생들의 공통문항 평균을 반영한 것이다. 공통과 선택이 있을 때, 전체를 최대한

공정하게 반영하기 위한 방법으로 예전에도 채택한 적이 있는 방법이다.

　계산식은 다음과 같다.

$$X_{2ij}^{'} = \overline{X_{1j}} + \frac{X_{2ij} - \overline{X_{2j}}}{S_{X_{2j}}} \times S_{X_{1j}}$$

$X_{2ij}^{'}$: j 선택과목 집단 i 번째 학생의 선택과목 조정 원점수

$\overline{X_{1j}}$: j 선택과목 집단의 공통과목 원점수 평균

X_{2ij} : j 선택과목 집단 i 번째 학생의 선택과목 원점수

$\overline{X_{2j}}$: j 선택과목 집단의 선택과목 원점수 평균

$S_{X_{1j}}$: j 선택과목 집단의 선택과목 원점수 표준편차

$S_{X_{2j}}$: j 선택과목 집단의 공통과목 원점수 표준편차

· 출처: 교육과정 평가원 포지션 페이퍼(2019), 공통+선택 과목 도입에 따른 수능 점수 산출 방안

　이 방식은 응시자 전체에서 하나의 성적을 산출하는 방식이다. 어떤 선택과목을 선택하건 상관없이 전체를 하나의 그룹으로 묶어서 하나의 성적을 준다. 계산식을 보면 우선 확률과 통계, 기하, 미적분을 선택한 학생들의 공통과목 평균점수가 반영된다. 만약 학생이 미적분을 선택했다면 미적분을 선택한 학생들의 공통과목 평균점수와 그 학생의 미적분 점수, 표준편차를 고려한 점수를 받게 된다. 원점수가 같아도 조정점수는 다른 점수를 받을 수 있다. 표준편차가 달라질 수 있기 때문이다.

예를 들면 다음과 같다. 확률과 통계, 미적분, 기하를 선택한 세 사람이 있다. 2022년 9월에 시행된 모의고사에서 85점을 맞았다고 하자. 그런데 확률과 통계, 미적분, 기하를 시험 본 학생들 전체의 성적과 분포가 달라서 표준점수와 백분위점수는 다르다. 이때 1등급 컷 점수를 보면 확률과 통계 87점, 미적분 83점, 기하 86점이다. 이 경우에 미적분을 본 학생은 1등급이고, 확률과 통계와 기하를 본 학생은 1등급이 아니다.

공통+선택 과목:
고교와 대학 전공의 연계성을 가진다

✕ ✕ ✕

깊이 있는 학습을 한 학생, 더 많이 배운 학생들의 평균점수가 높은 것은 당연한 결과이다. 더 이상 선택과목을 선택할 때 등급이 잘 나오는 과목을 고르는 시대가 아니다. 이제는 전공 연계성을 보고 선택해야 한다.

다음은 서울의 한 고등학교에서 계열에 따라 과목 선택 안내를 한 예시이다. 자연 계열, 공학 계열로 분야를 정한 학생들에게는 수학과 과학 과목을 깊이 있게 배우도록 안내한다.

- 간호 보건 계열 : 수학I, 수학II, 확률과 통계, 미적분

- 자연 계열 : 수학I, 수학II, 확률과 통계, 미적분, 기하
- 공학 계열 : 수학I, 수학II, 확률과 통계, 미적분, 기하, 인공지능수학

간호 보건 계열, 자연 계열, 공학 계열의 대학에서 전공 과목을 수강할 때 필요한 수학을 반영했다.

핵심 권장 과목:
대학 전공에 맞춰 고등학교 때 꼭 들어야 한다

✖ ✖ ✖

대학에서 공부할 때 필요하다고 고등학교 때 반드시 이수하고 오라고 권장하는 내용은 다음과 같다. 서울대학교에서 학생들이 핵심 권장 과목을 선택할 때, 진로와 적성을 고려해서 전공 공부에 필요한 과목을 안내한 것이다. 이 내용은 서울대학교 2024학년도 대학 신입학생 입학 전형에서 발표되었다.

우리 아이는 서울대학교에 안 갈 거니까 상관없다고 생각할 수도 있지만 사실은 그렇지 않다. 대학과 상관없이 진로에 필요한 과목을 수강해야 하는데, 대학 전공에서 배우는 과목은 어느 대학이나 거의 비슷하기 때문이다.

대학 가서 전공 공부를 따라가는 데 고생을 덜 하려면 미리 들어두는 것이 좋다. 대학 가서 전공이 어려우면 고등학교 때 들어야 하

서울대학교 전공 연계 교과 이수 과목 안내

모집 단위	핵심 권장 과목	권장 과목
경제학부		미적분, 확률과 통계
수리과학부, 통계학과	미적분, 확률과 통계, 기하	
물리천문학부 물리학전공	물리학II, 미적분, 기하	확률과 통계
물리천문학부 천문학전공	지구과학I, 미적분, 기하	지구과학II, 물리학II, 확률과 통계
화학부	화학II, 미적분	확률과 통계, 기하
생명과학부	생명과학II, 미적분	화학II, 확률과 통계, 기하
지구환경과학부	물리학II 또는 화학II 또는 지구과학II, 미적분	확률과 통계, 기하
간호대학		생명과학I, 생명과학II
공과대학 광역	미적분, 확률과 통계	기하
건설환경공학부	미적분, 기하	확률과 통계
기계공학부	물리학II, 미적분, 기하	확률과 통계
재료공학부	미적분, 기하	물리학II, 화학II, 확률과 통계
전기정보공학부	물리학II, 미적분	확률과 통계, 기하
컴퓨터공학부	미적분, 확률과 통계	
화학생물공학부	물리학II, 미적분, 기하	화학II 또는 생명과학II
공대 건축학과		미적분
공대 산업공학과	미적분	확률과 통계
공대 에너지자원공학과	물리학II, 미적분, 기하	확률과 통계
공대 원자핵공학과	물리학II, 미적분	
공대 조선해양공학과	물리학I, 미적분, 기하	확률과 통계
공대 항공우주공학과	물리학II, 미적분, 기하	지구과학II, 확률과 통계
농생대 농경제사회학부		미적분, 확률과 통계
농생대 식물생산과학부	생명과학II	화학II, 미적분, 확률과 통계, 기하

모집 단위	핵심 권장 과목	권장 과목
농생대 식품동물생명공학부	화학II, 생명과학II	
농생대 응용생물화학부	화학II, 생명과학II	미적분, 확률과 통계, 기하
농생대 조경지역시스템공학부	미적분, 기하	물리학II, 확률과 통계
농생대 바이오시스템소재학부	미적분, 기하	물리학II 또는 화학II
사대 지리교육과		한국지리, 세계지리, 여행지리
사대 수학교육과	미적분, 확률과 통계, 기하	
사대 물리교육과	물리학II	미적분, 확률과 통계, 기하
사대 화학교육과	화학II	미적분, 확률과 통계, 기하
사대 생물교육과	생명과학II	화학II, 미적분, 확률과 통계
사대 지구과학교육과	지구과학I	지구과학II, 미적분, 확률과 통계. 기하
생활과학대학 식품영양학과	화학II, 생명과학II	
의류학과		화학II, 생명과학II 또는 확률과 통계
수의과대학 수의예과	생명과학II	미적분, 확률과 통계
약학대학 약학계열	화학II, 생명과학II	미적분, 확률과 통계
의과대학 의예과	생명과학I	생명과학II, 미적분, 확률과 통계, 기하
자유전공학부		미적분, 확률과 통계

· 출처: 서울대학교 입학처 자료

는 과목을 안 들어서 어렵다고 생각하지 못한다. 어렵게 느껴지니까 이 분야가 나랑 안 맞나 보다 생각하게 된다. 심각한 경우에는 학교를 그만두는 엉뚱한 결론을 내리기도 한다.

다른 대학에서는 입시와 관련해서 아직 이런 발표를 하지 않았다. 하지만 정책연구과제는 진행되고 있다. 이는 고등학교 때 미리 관련 공부를 해야 한다는 반증이다.

아이가 자신이 지원할 대학과 학과를 명확하게 결정하지 못한 경우가 많다. 그러므로 진로와 진학의 방향을 크게 정하고 해당 분야에서 정하는 과목에 관심을 가지고 들을 수 있도록 안내할 필요가 있다. 대학에서는 모집단위별로 특정 과목을 지정하거나 가산점을 준다. 예를 들면 수학에서는 미적분이나 기하, 탐구영역에서는 물리학II 같은 과학 과목을 지정하거나 가산점을 준다.

서울대학교 자료에 의하면, 학과 또는 학부에서 공부하기 위해 필수적으로 이수를 권장하는 과목이 핵심 권장 과목이다. 대학에 가서 공부하는 데 애로사항이 없으려면 핵심 권장 과목은 다 들어야 하고, 권장 과목까지 더 들으면 좋다.

핵심 권장 과목과 권장 과목 둘 다 전공 공부할 때 필요한 과목이다. 부모들은 핵심 권장 과목이 학교에서 개설될 때 신청하는 걸 빠뜨리지 않도록 잘 지도해야 한다. 고등학교 2학년 때 아무 생각 없이 친구들이 듣는 과목을 함께 들었는데, 3학년이 되어서 공대에 가려고 보니까 2학년 때 물리학II를 들었어야 했다는 경우가 생긴다.

의대 준비만 했는데 공대로 진로를 바꿨을 때 물리학II를 들었느냐 여부로 합격이 달라지는 상황도 발생한다. 이런 일이 발생하지 않도록 미리 준비해야 한다. 어떤 과목이 해당하는지 일일이 외우기가 어렵다면 수학에서는 미적분과 기하, 확률과 통계를, 과학탐구 과목에서는 물리학II, 화학II, 생명과학II, 지구과학II를 눈여겨보기 바란다.

대학 입장에서 보자면 전공 연계 과목 이수 여부는 학생이 전공과 관련해서 착실히 준비했는지를 점검하는 것이다. 그런데 무엇을 전공할지 미리 확실하게 정한 학생도 있지만, 늦게까지 정하지 못한 경우도 있다. 이런 때를 대비해서 넓게, 깊게 적용할 수 있는 과목을 선택해서 들어 놓는 것이 좋다.

3장

수학 인재 되기: 수포자도 성공한 수학 공부법

학생들마다 수학 공부 방법이 다르고, 어려움을 마주하는 지점도 조금씩 다르다. 이 장에서는 전국 중·고등학교 학생들이 직접 경험한 성공과 실패 중에서 다른 학생들에게 도움이 될 만한 사례들을 간추려 소개한다. 학생들이 수학 공부에서 구체적으로 어떤 어려움을 느끼는지, 그것을 어떻게 극복했는지를 담았다.

초·중·고등학교에 걸쳐서 공부를 잘 못하다가 잘하게 된 학생, 원래 잘했는데 성적이 떨어졌다가 극복한 학생, 수학 공식만 암기하는 방법으로는 부족하다는 걸 깨달은 학생 등 우리 주변에서 보고 들을 수 있는 이야기들이다. 수학 공부에 어려움을 겪다가 극복한 학생들의 실제 경험담이어서 현재 수학 공부에 어려움을 겪고 있는 학생들에게 큰 도움이 될 것이다.

수학을 잘하는 학생이 처음부터 정해진 것은 아니다. 수학에 대한 생각이 바뀌면 수학을 잘할 수 있게 된다. 수학에 대한 재미와 자신감을 느끼지 못하면 달라지지 않는다. 무작정 문제집을 풀고 학원에 보내는 게 능사가 아니다. 재미와 자신감이 절대적이다.

성적이 떨어진다면 수학에서 재미를 느낄 수 있는 것을 찾는다

초등학교 때 수학을 잘하다가 중학교 때 성적이 떨어진 학생들의 이야기를 소개한다. 두 학생은 각자 다른 방식으로 재미와 자신감을 회복했다. 준이는 수학 캠프에, 빈이는 학교 프로그램에 참가한 것이 수학에 대한 생각을 바꾸는 계기가 되었다.

준이의 사례
수학에 재미를 느끼면 스스로 공부한다

✖ ✖ ✖

중학교 수학이 초등학교 수학보다 수준이 높다 보니 중학생이 되어 성적이 떨어지는 경우가 있다. 특히 수학이나 과학보다 국어, 사회 과목에 흥미가 많은 성향의 학생에게 이런 일이 생길 수 있다. 초등학교 때는 성실하게 공부해서 성적이 어느 정도 나왔지만, 기초가 탄탄하게 다져지지 않으면 중학교 때 성적이 떨어지게 된다.

준이는 국어, 사회, 역사 과목을 매우 좋아했다. 그 과목들은 자신 있고 즐거웠다. 수학과 과학 과목은 딱히 흥미가 없었다. 단순 계산 문제는 너무 쉽고 재미를 느낄 수 없었다. 초등학교 저학년 때는 시험 성적이 곧잘 나왔다. 성적이 좋아서 성취감을 자주 느꼈다. 고학년 때도 수업에 열심히 참여했다. 성실한 편이라 칭찬을 많이 들었다. 원하는 대로 점수가 나오지 않는 경우도 가끔 있었지만 수학 공부는 꾸준히 했다.

준이는 중학교에 들어가자 시험 기간에만 공부하고, 평소에 복습은 하지 않았다. 학원을 다니기는 했지만 학원에 가기 싫은 마음이 컸고 공부는 건성으로 했다. 성적이 떨어지니까 교과서나 문제집을 보고 싶지 않게 되고, 자신감도 떨어져 공부와 멀어졌다. 놀고 싶은 마음은 점점 커지고, 공부할 의지는 사라졌다. 준이는 공부에 관심이 없는 친구들과 어울리면서 공부를 많이 놓쳤다.

중학교 2학년 겨울방학 때 준이는 친구와 함께 창의성 캠프에 참여했다. 4박 5일 일정이었다. 캠프에서는 대학생 멘토들이 수학을 쉽게 이해하도록 도와주었다. 준이는 그 전까지는 수학 수업이 지루하다고 생각했는데 멘토가 하는 수업은 완전히 달랐다. 게임도 하고, 퍼즐도 하고, 퀴즈도 했다.

수학 수업이 재미있었다. 일상생활에 수학이 많이 사용된다는 걸 처음으로 알게 되었다. 수학이 문제를 풀면 짜릿한 성취감을 느낄 수 있는 재미난 학문이라는 것도 느끼게 되었다.

준이는 자신의 미래와 수학에 대해 생각해 보았다. 준이의 꿈은 자동차 연구원이었다. 그 꿈을 이루려면 수학 공부가 필요했다.

준이가 고학년 때 성적이 떨어졌던 게 수학에 대한 기초가 탄탄하지 못한 걸 드러내는 시그널이었을 수 있다. 중학생이 되면 초등학교에 비해 수학 수준이 높아진다. 이때 기초가 탄탄하지 않으면 성적이 떨어지고 실력이 드러난다. 초등학교 때는 쉽게 풀 수 있는 문제가 많았지만 중학교 수학은 깊이가 있으니까 간극이 생긴다.

친구 따라 강남 간다는 말처럼 중학생 때는 친구 따라 하는 일이 많다. 준이도 우연히 친구와 함께 간 캠프에서 수학의 재미와 매력을 알게 되었다. 준이는 수학이 문제 풀고 답을 맞히는 단순 계산이 아니라 일상생활에 창의적으로 쓸 수 있는 학문이라는 것을 알게 되었다.

준이는 자신에게 맞는 공부법을 찾았다. 자신에게는 효과가 없었던 학원을 그만두고 스스로 하는 방법을 택했다. 우선 인강으로 예습했다. 미진한 부분은 수업 시간에 완벽하게 이해했다. 내용을 탄탄하게 익히자 마침내 수학을 잘하게 되었다. 공부에 재미를 붙이니 성적도 자연스레 올랐다.

수학을 잘하려면 수학에 대한 생각을 긍정적으로 바꾸고 재미를 느끼는 경험이 필요하다. 캠프와 대학생 멘토는 공부에서 멀어진 준이에게 멋진 기회였다.

빈이의 사례
자신감을 찾고 부담감을 극복하면 스스로 공부한다
✖ ✖ ✖

빈이는 초등학교 때부터 중2까지 사교육을 하지 않은 적이 없었다. 매일 학원에 다니고 항상 시간에 쫓기면서 수학 공부를 했다. 그런데도 중학생이 되자 수학 성적이 계속 떨어졌다. 성적이 나빠지니까 수학이 싫어졌다. 흥미도 점차 떨어졌다. 자신감도 차츰 없어졌다. 수학 시간이 두려워졌다.

빈이는 수학을 잘하고 싶어서 수학책을 외울 정도로 반복해서 풀었다. 그런데 수학책을 다 외웠는데도 수학 시험지를 받아들면 머리가 초기화되었다. 모르는 문제가 나오면 머리가 하얘지고 얼어붙었다. 공부한 것과 외운 내용이 생각나지 않았다. 이런 생활이 반복되다 보니 학원 의존성이 더 높아졌다.

수학에 대한 불안감은 학원에서 배우는 방법으로는 해소되지 않는다. 빈이는 열심히 했고, 거의 완전학습을 했다. 매일 2시간씩 수학을 공부했다. 그런데도 불안감은 없어지지 않고 계속 실패하고 자신감도 하락했다.

빈이는 중3이 되면서 학원을 그만두고 혼자 공부하기로 마음먹었다. 그 무렵 한 대학교에서 개최한 창의인성 수학체험교실에 참가했다. 공학 도구를 사용해 문제를 여러 가지 방법으로 풀어 보며 어떤 방법이 더 편리한지 알아보는 프로그램이었다.

수업이 놀이처럼 느껴지고 즐거웠다. 학교 수업에서 왜 그런 방법으로 푸는지 모르고 풀었던 게 드디어 이해가 되었다. 모둠으로 참여하다 보니 소극적인 성격도 조금씩 적극적으로 바뀌었다.

중3 여름방학에는 수학 클리닉에 참여했다. 수학 클리닉은 수학 학습에 어려움을 겪는 학생들을 모아 도움을 주는 프로그램이다. 여기서는 다음 학기 예습을 했다. 학생 수가 적어서 모르는 게 나오면 바로 질문할 수 있었다. 바로 질문하고 설명을 들으니 이해가 잘되었다. 문제를 풀면서 맞힌 개수가 늘어나자 자신감이 생겼다.

빈이는 수학 클리닉 상담을 통해 수학에서 실수하는 부분과 계속 실패하는 부분 때문에 수학을 어려워한다는 것을 알게 되었다. 실수와 실패가 일어나는 부분을 정확히 파악하고 대처 방법을 찾아내자 성적이 올라갔다. 빈이는 수학 성적이 오르자 할 수 있다는 자신감을 되찾을 수 있었다. 드디어 시험이 두렵지 않았다.

수학 부담감이 있을 때는 수학 공부를 하기 싫어서 복습을 미루었는데, 수학 부담감을 극복하고 나서부터 수학 수업이 있는 날에는 집에 와서 복습을 꼭 했다.

빈이의 이야기는 사교육에 의존했다가 해결이 안 되어 그만두고 스스로 공부한 사례이다. 매일 수학 공부를 하는데도 두려움을 극복하지 못했는데 스스로 공부하기 시작하면서 상황이 반전되었다. 학교와 지역 사회의 프로그램들에 참여하면서 적극적으로 공부를 하게 되었다.

빈이의 경우 계속 실수하는 부분과 실패하는 부분을 확인한 것이 무척 중요한 역할을 했다. 빈이는 수학 책을 거의 외우다시피 공부를 했어도 수학에 대한 부담감을 극복하지 못했는데 실수와 실패가 일어나는 부분을 알고 해결하자 수학 부담감이 극복되었다.

공부를 엄청 많이 하는데도 부담감을 극복하지 못하는 경우라면 빈이가 한 방법을 따라 해 보자. 어디서 실수하는지, 왜 실패하는지 분석하고, 그 지점을 찾아서 해결하는 것이다. 취약점을 정확히 파악하고 해결하면 부담감이 극복되고 성적이 올라간다.

빈이의 사례는 학습에 대한 부담을 극복하려면 자신감이 절대적이라는 걸 보여 준다. 빈이는 활동을 통해 다음 2가지를 깨닫고 나서 자신감을 가지게 되었다.

> 첫째, 왜 그렇게 풀이하는지, 여러 가지 문제 풀이 중에서 어떤 것이 가장 효율적인지 알게 되었다.
> 둘째, 자신이 실패하고 실수하는 부분을 정확하게 찾아내고 해결하게 되었다.

빈이의 사례는 왜 그렇게 하는지도 모르면서 무작정 외우기만 하는 것은 성과를 내기 어렵다는 걸 보여 준다. 빈이는 거의 완전학습을 했는데도 불구하고 시험을 볼 때면 공부한 것이 성과로 연결되지 않았다. 빈이는 체험교실에서 다양한 방법으로 문제를 풀고 각 방법의 장점을 비교하며 어떤 게 편리한 방법인지를 알아 본 후에 학교에서 왜 그 방법으로 풀었는지 비로소 알게 되었다.

가르치는 사람들은 보통 학생들에게 검증된 가장 효율적인 방법을 알려 준다. 이미 여러 방법으로 해 봤고, 그중에서 검증된 방법을 선택해서 학생들에게 보여 주기 때문이다. 빈이의 사례는 학생이 스스로 이 검증의 절차를 거칠 수 있도록 경험과 체험의 기회를 주는 게 효과적이라는 걸 보여 준다.

문제를 모두 외울 정도로 무작정 많이 풀어 보는 것만이 능사는 아니다. 완전학습이 될 정도로 많이 풀고 여러 번 풀면서 세부적인 해결 방법을 깨치는 경우도 있지만 많은 양의 문제를 풀어도 해결되지 않는 경우라면 빈이가 했던 방법을 해 볼 것을 추천한다. 단순한 문제 풀이가 아니라 자신에게 맞는 공부 방법을 찾는 게 중요하다.

준이는 예습을 했고, 빈이는 복습을 했다. 준이는 예습을 하고 수업 시간에 모르는 부분 없이 완벽하게 이해하고 넘어갔다. 모르는 부분이 있으면 공부 시간에 질문을 해서 해결했다. 빈이는 수학 수업이 있는 날에 반드시 복습을 했다. 실수와 실패가 일어나는 부분을 정확히 알아내기 위하여 미루지 않고 그날그날 어려운 부분을 찾아냈다.

두 학생 다 사교육을 하다가 성적이 떨어져서 방법을 바꾸었다. 학원을 끊고 스스로 하는 방법을 택했다. 같은 방법을 계속하면 같은 결과가 나온다. 새로운 방법으로 새롭게 행동해야 다른 결과가 나온다. 방법을 바꿔서 불안감을 극복하고 자신감을 찾자. 공부 자신감은 공부에 대한 긍정적 이미지이다. '나는 수학을 잘하는 사람'이라는 생각을 먼저 가지는 것이 중요하다.

누구나 자신의 공부에 대한 기억이 있다. 나는 구구단에 대한 특별한 기억이 있다. 어린 시절에 집에 오빠 친구들이 10명 이상 놀러 왔다. 학교에서 구구단을 배우기 전이었다. 내가 구구단을 안다고 하니까 오빠 친구들이 '학교에서 배우지 않았는데 설마 알겠어?' 하는 분위기로 문제를 내기 시작했다.

여기저기서 구구단 문제를 내면 내가 맞히는 모양새가 되었다.

누군가 문제를 내면 소리가 나는 방향으로 정신을 집중해 문제를 듣고, 한 문제도 틀리지 않고 문제를 맞혀 나갔다. 그 일로 '아, 나는 구구단을 잘하는 아이구나. 여러 명이 한꺼번에 막 불러도 정신만 차리면 하나씩 해결할 수 있구나.'라는 것을 배웠다. 원래 구구단을 다 외울 수 있었지만, 그 경험을 통해 내가 구구단을 제대로 안다는 것을 확인할 수 있었다.

공부에서 중요한 것은 재미와 자신감이다. 수학이 해야 하는 과목이라서, 성적 때문에 한다고 생각하는 학생이 많다. 수학은 일상생활에 많이 사용된다. 고등학교 졸업 후 나중에 진출하고 싶은 분야에서도 수학이 쭉 필요하다는 걸 알게 되면 수학에 대한 생각이 바뀐다. 수학에 대한 생각이 바뀌는 경험을 제공해 주는 것이 필요하다.

문제를 풀면 점수가 눈에 보이고 바로 나타나니까 부모들은 문제 풀기를 계속 시킨다. 하지만 원래 하던 방법이 효과가 없을 때는 방법을 바꿔야 새로운 생각을 할 수 있다. 캠프나 독서, 수학 클리닉 등에 참여하여 수학 경험을 바꾸어 보자.

아이들은 생각을 바꿔야 재미를 느낀다. 재미를 느껴야 공부를 한다. 자신감을 가져야 공부에 집중하고 결과가 나온다.

수학이 싫은데
수학 성적이 올라간 경우는 없다

수학 성적이 나오지 않을 때 문제 양으로 승부하는 경우가 있다. 그런데 문제집을 무작정 푼다고 수학이 해결되지는 않는다. 공식을 외운다고 수학이 해결되는 것도 아니다. 수학을 싫어하면서 억지로 참고 풀어내는 문제의 양으로 해결할 수는 없다.

문제를 해결하려면 개념을 이해하고, 뭘 알고 뭘 모르는지 구분할 수 있어야 한다. 모르는 걸 찾아내고 그걸 아는 것으로 바꾸는 것이 문제해결의 실마리이다.

유이의 사례
빨리 끝내자는 생각만으로 문제를 풀면 성적이 오르지 않는다

✗ ✗ ✗

유이는 중학교 입학 직전 겨울방학 때 학원에서 중학교 과정을 미리 공부했다. 유이가 다닌 학원은 동네에서 꽤 유명한 학원이었는데 학생들에게 내주는 과제가 엄청나게 많았다.

유이가 가지고 다니는 책은 3권이었다. 하루 숙제는 한 권당 7~8장으로 20장이 넘었다. 새벽 2~3시까지 숙제를 하는 날도 있었다. 매일 몇십 장씩 문제를 풀어야 하다 보니 유이는 숙제를 빨리 끝내고 싶다는 생각만 들었다.

유이는 문제 풀이 숙제를 빨리 끝내려고 할수록 수학에 대한 거부감이 생겼다. 문제가 전혀 이해되지 않을 때는 짜증이 났다. 어떨 때는 화가 나서 책상을 막 내리치기도 했다. 문제를 엄청 풀었는데도 성적은 안 나왔다. 문제를 그렇게나 많이 풀고 받은 중1 첫 점수는 60점이었다. 그 후로는 60점을 넘기기 위해 부단히 노력했다.

유이는 수학이 재미있다는 아이들이 도무지 이해되지 않았다. 수학에 대해 왜 흥미를 느끼는지 전혀 알지 못했다. 중학교 수학은 초등학교 때보다 어렵다는 이야기를 듣고는 두려움도 생겼다. 수학 불안감이 계속 쌓였다.

중학교 수학은 초등학교 수준에 비해 난이도가 있다. 그래서 학원에서는 문제를 많이 풀리면 학생들이 잘 이해할 거라는 생각에 문제 풀이 숙제를 많이 내준다. 유이가 다닌 학원도 그랬다.

문제를 많이 풀리는 것은 문제를 풀수록 개념을 명확히 이해한다는 것을 전제로 한다. 수학 개념을 이해하려면 아는 것과 모르는 것을 명확하게 구분하고, 모르는 것을 해결해 가면 된다. 개념을 명확히 익히는 데 많은 문제를 푸는 것으로 해결되는 학생들도 있다. 그런데 유이에게는 그 방법이 맞지 않았다.

유이는 그냥 빨리 끝내자는 생각만으로 수학 공부를 대했더니 결과가 좋지 않았다. 문제는 많이 풀었는데 알고 푼 건지 모른 채 푼 건지 구분이 안 되었다. 제대로 아는 건지 모르는 건지 헷갈렸다. 한 문제를 풀고 다음 문제를 보면 한숨부터 나왔다.

유이의 문제점은 개념을 정확하게 이해하지 못한 채 문제 풀이 양만 계속 늘린 것이다. 개념이 정확하지 않으면 문제를 푸는 데 시간이 많이 걸린다. 그러다 보니 일찍 잠들지 못하고 새벽까지 문제를 풀게 되고, 수면 시간이 부족해서 집중력도 떨어진다.

유이의 경우에는 개념을 명확히 이해하는 게 필요했다. 이런 경우에는 다음 3가지 해결 방법이 있다.

첫째, 같은 문제를 여러 번 풀어서 개념을 명확히 이해한다.
둘째, 다른 사람에게 문제 풀이 과정을 설명하면서 개념을 명확히 한다. 설명할 상대방이 없으면 혼자 설명하면서 풀어 보는 것으로도 비슷한 효과를 얻을 수 있다.

셋째, 문제를 푸는 데 필요한 선행 개념을 명확히 익힌다. 선행 개념은 지금 배우는 개념 이전에 배운 개념이다. 문제를 풀어도 개념이 이해되지 않는 이유는 대부분 그 문제를 푸는 데 필요한 선행 개념을 충분히 익히지 못했기 때문이다. 선행 개념을 다 익히고 나서 문제를 풀면 명쾌하게 해결된다.

유이는 모르는 개념이 해결되지 않은 채 쌓여 갔다. 학원 숙제하느라 시간을 엄청 썼다. 부모가 보기에는 책상에 오래 앉아서 공부하는 아이의 뒷모습이 대견하다. 그런데 실제로 유이의 머릿속에서는 무슨 일이 벌어지고 있었을까?

아이가 스스로 잘할 때는 믿고 기다리면 된다. 그런데 숙제 시간이 너무 많이 걸린다 싶으면 어떤 문제가 있는지 찬찬히 살펴볼 필요가 있다.

틀리는 문제가 있다는 건 더 배울 게 있다는 말이다. 모르는 게 뭔지 알아내고, 그걸 배우면 된다. 알고 모르는 게 확실하지 않은 게 진짜 문제이다. 아는지 모르는지 정확하게 구분이 안 간다고 생각되면 일단 뭔가 모르는 게 있고 정확히 아는 게 아닌 상태로 분류하고 하나씩 찬찬히 짚어 보자.

문제를 많이 풀고 준비를 많이 했는데도 자신감이 없을 때는 많이 풀기보다 푼 문제를 반복해서 풀고, 헷갈리는 문제를 집중해서 다뤄 보는 것도 좋은 방법이다.

문제 풀이를 계속해도 개념이 안 잡힐 때는 친구에게 설명해 본다. 설명하려고 하면 머릿속으로는 아는 것 같았지만 단계가 명확하지 않은 부분이 보인다.

개념을 명확하게 이해하고 넘어가는 것은 아주 중요하다. 빈이가 한 예습이나 준이가 한 복습 중에서 자신에게 더 맞는 방법을 찾아서 실천하면서 개념을 이해하는 데 집중하자.

소미의 사례
공식을 무작정 외우면 내신은 되지만 모의고사는 안된다

✖ ✖ ✖

소미는 공식을 외워서 문제를 푸는 약식 공부 방법을 배웠다. 이 공부 방법은 내신 성적을 받는 데는 도움이 되었다. 내신이 나오니까 수학을 잘하는 줄 알았다. 그런데 고등학교에 올라가서 모의고사를 봤더니 그 방법이 안 통했다.

소미는 모의고사를 본 후 자신의 공부 방법을 성찰해 보았다. 그러고 나서 모의고사에 통하는 새로운 방법을 찾아냈다.

소미는 중3 때까지 뮤지컬 배우가 꿈이었다. 예술고등학교, 예술대학 진학을 생각하고 수학 공부는 덜 했다. 그런데 중3 때 집안 사정으로 뮤지컬 배우의 꿈을 접고 교대로 방향을 바꾸었다. 중학교 때 수학 성적은 10점, 20점대였다.

소미는 중3 때 수학 공부를 따라잡기 위해 수학 학원에 등록했다. 학원에서 남들보다 빠르게 풀 수 있는 신기한 공식들을 배우고 암기했다. 공식의 암기 여부는 쪽지 시험으로 점검했다. 피타고라스 정리, 드모르간 법칙을 외워서 남들보다 문제를 빨리 풀 수 있었다.

중3 교과서에 나오는 공식을 모두 외웠더니 내신 성적이 올랐다. 소미는 오른 성적을 보고 자신이 수학 개념을 다 안다고 생각했다. 고등학교에 가면 고득점을 받을 거라고 기대했다.

그런데 고등학교 모의고사에서 4등급 40점대 성적이 나왔다. 소미는 모의고사 성적에 충격을 받았다. 처음 보는 유형의 문제를 어떻게 접근해야 할지, 외운 공식을 어떻게 적용해야 할지 도통 알 수 없었다.

학교 시험은 2~3등급이 나오는데, 모의고사만 보면 4~5등급이 나왔다. 처음에는 화가 나고 답답했다. 시간이 갈수록 뭔가 억울했다. 성적이 나오지 않으니 목표로 한 교대 입학이 걱정되었다.

소미는 인강에서 수학은 공식 암기가 아니고 개념 이해라는 말을 듣고, 그간 자신이 한 공부를 되돌아보았다. 학원에서 공식 암기와 시간 단축을 위한 기술을 배웠고, 고등학생 때도 수학 공식을 적어 외웠다. 개념 이해와는 거리가 있었다.

소미는 개념 이해가 수학의 본질이라는 말의 의미를 깨닫고 공부 방법을 바꾸었다. 그리고 다음 3가지 원칙을 세웠다.

첫째, 수학 교과서에 나온 개념을 친구한테 설명할 수 있도록 만든다.

둘째, 수학 교과서에 나온 개념을 수학 선생님과 대화할 수 있도록 준비한다.

셋째, 단순 공식 암기, 시간 단축을 위한 정리를 사용하지 않는다.

소미는 개념을 이해하기 위해 방에 칠판을 걸어 두고 칠판에 설명하면서 공부했다. 칠판 앞에 서서 설명하면서 문제를 푸는 것은 쉽지 않다. 그런데 소미는 그렇게 했다. 자신이 개념을 알고 설명할 수 있는지 확인하기 위해 친구한테 설명하는 것처럼 공부했다.

교과서에 나오는 예제를 쓰면서 혼자 설명했다. 공식 암기 방법을 버리고 되도록 공식 없이 풀려고 노력했다. 공식만 외워도 풀 수 있는 문제가 많았지만 공식 없이 칠판에 설명하면서 문제를 풀었다.

개념을 이해하기 위해서 공식 없이 문제 푸는 방법을 찾으려고 했다. 공식을 외워 수식에 집어넣는 방법은 제외하고, 식 없이 푸는 방법을 생각했다. 공식이 꼭 필요한 문제는 왜 그 공식을 써야만 하는지 중얼거리면서 증명했다.

소미의 사례에서 수학이 공식을 외우고 문제를 푸는 게 아니라 개념 이해라는 것을 알 수 있다. 개념을 깊이 있게 이해함으로써 수학의 본질로 다가갈 수 있다.

학생들이 수학을 어려워하는 포인트를 살펴보면 다음과 같다.

기초가 없는 채로 공식 암기로 공부를 시작한다. 공식과 유형을 암기해서 단기간에 학교 성적이 오르니 공식 암기가 수학 공부법이라고 스스로 생각하게 된다. 공식과 유형을 알고 있으면 복잡하지 않은 문제는 어느 정도 해결된다. 그런데 이 방법은 모의고사에서는 통하지 않는다.

'나는 어떻게 배우는 사람인지, 내가 무엇을 배웠는지' 성찰하는 것은 대단히 중요하다. 깊이 있는 학습을 위해 반드시 거쳐야 할 단계이다. 소미는 자신의 학습이 공식과 유형 암기이고 개념 이해가 철저하지 않았다는 반성을 했다. 개념을 이해하기 위한 방법으로 칠판을 사서 친구에서 설명하는 것처럼 설명하는 공부 방법을 발견했다. 소미는 이 방법으로 수학 개념을 깊이 이해하는 길을 찾아냈다.

유이는 중학교로 올라가면서 성적이 떨어졌다. 소미는 고등학교 내신까지는 괜찮다가 모의고사 성적이 떨어졌다. 유이는 문제가 요구하는 개념을 이해하지 못한 채 문제만 많이 풀었다. 소미는 개념에 대한 깊은 이해 없이 공식과 유형을 암기했다.

중학교에 들어가면 조금씩 개념들이 어려워지기 시작한다. 내신에서 1등급은 4%이다. 출제자는 1등급과 2등급을 나누기 위해 어려운 문제를 낸다. 이 문제를 변별력 문항이라 부른다. 변별력 문항을 푸는 학생은 1등급, 풀지 못하면 2등급이 된다.

학원에서는 시간 안에 문제를 다 풀게 하려고 문제를 많이 풀어보게 하는 전략을 취한다. 대부분의 학원에서는 아이들이 모르는 문제가 나오면 강사 선생님에게 질문하고, 강사 선생님이 풀어 준다. 그런데 이것은 아는 문제는 본인이 풀고 모르는 문제는 다른 사람이 푸는 걸 구경하는 것이다. 모르는 문제에 시간을 더 쓰고 치열하게 고민해야 하는데 다른 사람이 푸는 걸 구경하고는 또 다음 숙제에 시간을 쓰는 형태이다.

유이의 사례는 억지로 그냥 문제 푸는 숫자만 늘린다고 해결되지 않는다는 걸 보여 준다. 지금도 왜 그렇게 되는지 이해하지 못한 채 유이처럼 많은 양의 문제로만 승부하는 전략에 시간을 쓰고 있는 아이들이 있을 것이다.

억지로 문제를 많이 푼다고 개념을 이해할 수 있는 것이 아니다. 모르는 문제를 정확히 공략하고 개념을 깊이 있게 이해하는 것이 중요하다. 모르는 개념 없이 차근차근 익혀야 공부에 대한 재미와 자신감이 생긴다.

아이들이 풀어야 할 문제 양이 많아서 어려워할 때 다른 아이들도 그 정도는 다 한다고 하며 넘어가지 말자. 내 아이에게 맞는 방법인지 한 번 들여다보자.

유이가 다닌 학원은 문제를 많이 풀리는 방식으로, 소미가 다닌 학원은 공식과 유형의 암기로 수학 공부를 시키는 곳이었다. 많은 학원에서 사용하는 전략이다. 학원의 전략이 통하지 않을 때는 자신만의 수학 학습 방법을 성찰해야 한다.

수학 성적이 잘 안 나오는 대부분의 이유는 개념을 깊이 있게 이해하지 못했기 때문이다. 개념을 제대로 이해하기 위해서는 그동안의 학습 성찰을 통해 자신에게 적합한 방법이 무엇인지를 찾아내야 한다.

빈이는 예습을 하고 공부 시간에 완벽하게 이해하고 넘어가기, 준이는 그날 배운 내용을 그날 복습하면서 실수와 실패가 일어나는 부분을 찾아서 해결하기, 소미는 친구에게 설명하듯이 칠판에 설명하면서 공부하기를 찾아냈다.

수학에 대한 자신감을
회복하는 것이 우선이다

성적이 떨어졌을 때는 자신감을 회복하는 게 먼저이다. 한 번도 자신감이란 걸 가져 본 적이 없는 경우에도, 늘 자신감이 있다가 갑자기 자신감이 분실된 경우에도 자신감을 찾는 것이 중요하다.

원이는 수학 공부를 아예 하지 않았다. 활동지를 받으면 백지로 내거나 친구가 한 것을 베껴서 냈다. 수학을 잘하는 학생은 천재인 줄 알았다. 원이는 수학 공부를 해 본 적이 없었기에 수학을 잘하게 될 거라는 기대를 해 본 적도 없었다. 그런데 우연한 기회에 공부를 하니 된다는 자신감을 얻었다. 자칫하면 자신의 잠재력과 가능성이 무엇인지 모르고 지나갈 뻔했다.

송이는 실력은 있는데 중간고사에서 답지 마킹을 하지 않는 실수를 해서 점수가 낮게 나왔다. 실력 자체는 변한 게 아닌데도 낮은 점수를 받으니 자신감이 뚝 떨어졌다. 송이는 실수로 받은 낮은 점수에 영향을 받은 뒤 다시 자신감을 회복하기까지 힘든 시간을 보냈다.

원이의 사례
하마터면 수포자로 쭉 살 뻔했다

× × ×

원이는 수학과는 거리가 먼 학생이었다. 원이는 '어차피 못할 건데 뭐하러 공부를 해.'라고 생각하고, 공부하려는 노력 자체를 하지 않았다. 수학 시간에는 무슨 내용인지 이해하기 힘들었다. 시험 기간에도 수학 공부를 하지 않았다. 모르는 게 있으면 모르는 채로 그냥 덮어 두었다.

그런 원이가 멘토-멘티 프로그램으로 갑자기 수학 공부를 하게 되었다. 점심시간 자투리 시간에 멘토링을 하고, 자습 시간에도 수학 공부를 하기 시작했다.

원이는 멘토링 프로그램 덕분에 180도 달라졌다. 수학에 대한 자신감이 올라갔다. 성적도 올랐다. 원이는 늦었다고 생각하고 돌이키고자 노력할 용기를 못 냈다면 계속 수포자로 살았을 수도 있었다. 그런 원이에게 수학 공부를 통해 인생 역전이 일어났다.

원이가 학교에서 하는 멘토-멘티 프로그램에 참가했을 때 친한 멘토를 만난 것은 아니었다. 처음에 멘토가 된 아이는 할 사람이 없어서 우연히 같이 하게 된 경우였다. 서로 특별한 기대도 없었고, 열심히 하게 될 거라고 생각하지도 않았다.

그래도 매일 점심시간에 밥을 최대한 빨리 먹고 거의 매일 1등으로 와서 공부를 하고 갔다. 길게 멘토링을 할 때는 25분 정도 했다. 시간 자체는 얼마 되지 않았지만, 한 번도 공부를 하지 않았던 원이에게는 효과가 있었다.

시험 기간이 끝나면 멘토-멘티를 찾아오는 사람이 거의 없는데 원이네는 시험 기간이 끝나도 계속했다. 그런 꾸준함이 결과를 낳았고, 결과가 좋아지면서 자신감을 회복했다.

멘토는 배운 걸 전혀 모르는 상태인 원이에게 지금까지 놓쳤던 부분을 하나하나 가르쳐 주었다. 시험 기간에는 시험 범위까지 진도를 나가느라 바빴다.

시험 결과 성적이 무려 37점이나 올랐다. 원이는 멘토-멘티 프로그램을 한다고 성적이 이렇게 많이 오를 거라고 상상도 하지 못했다. 성적이 오르자 그때부터 갑자기 자신감이 붙었다.

1차 고사 결과 원이는 뿌듯함을 느꼈고, 할 수 있다는 생각이 들었다. '다음 시험에는 더 잘 봐야지.'라는 생각이 들었다.

2차 고사 때는 더 열심히 공부했다. 점심시간에 멘토링을 하고, 쉬는 시간이나 자율 시간 등 시간만 나면 수학 공부를 했다. 자습 시간에는 멘토가 준 문제집이나 선생님이 준 프린트를 풀었다. 시험 기간에는 매일 도서실에 가서 저녁까지 공부했다.

멘토링을 하기 전에는 성적이 50점 이하였다. 그때는 수업만 잘 들으면 문제를 풀 수 있다는 걸 몰랐는데, 지금은 곧잘 할 수 있게 되었다. 원이는 수학 공부를 해도 안될 거라고 지레짐작하고 공부를 하지 않았던 것이다.

원이는 스스로 수학 공부가 되는 사람인 줄 모르고, 하마터면 수포자로 쭉 살 뻔했다. 자신감이 없었던 원이가 매일 조금씩 수학 공부를 하면서 깨달은 게 있다.

'나도 수학 공부가 되는 사람이었다.'

'다른 사람들이 천재여서 수학 점수가 잘 나온 게 아니었다.'

해 보지 않고는 아무도 알 수 없다. 누가 무엇을 할 수 있는지, 누가 무엇을 잘하는지, 해 보지 않으면 할 수 있다는 걸 알 수 없다. 일단 시작해야 한다. 원이는 해 보고 나서야 자신이 할 수 있다는 걸 알게 되었다.

짧은 시간이라도 꾸준히, 변화가 생길 때까지 해 보자. 비가 올 때까지 기우제를 지내는 인디언 기우제처럼…. 그렇게 하면 스스로의 가능성을 알게 된다. 자신감을 갖게 된다.

멘티 역할을 하던 원이는 성적이 오르자 멘토 역할도 했다. 멘토 역할을 처음 할 때는 태어나서 공부를 제일 많이 했다. 원이는 멘토로서 친구들에게 개념을 알려 주면서 복습을 하게 되고 확실하게 개넘을 이해할 수 있게 되었다. 다른 건 까먹는데도 친구들한테 알려 준 건 까먹지 않고 기억하게 되었다. 이것도 원이가 해 보고 나서 깨달은 것이다.

변화를 느끼고 나면 계속할 힘이 생긴다. 원이에게 할 수 있다는 자신감이 생긴 것은 1차 고사에서 성적이 많이 올라 선생님과 친구들에게 응원을 많이 받고 나서부터였다. 변화에 대한 구체적 데이터가 있고 주변 사람들로부터 인정을 받으면 자신감이 생긴다. 누구나 원이처럼 할 수 있다.

공부를 한 번도 해 본 적이 없던 원이는 성적이 오르자 자신의 수학 공부에 대한 정체성을 새롭게 발견하게 되었다. 성적이 오르니 점점 더 잘해 보고 싶은 욕심이 생겼다.

누구나 잠재력을 가지고 태어난다. 그 잠재력을 찾아내는 여정을 계속하기를 바란다. 스스로 해 보지 않고는 누구도 모른다.

송이의 사례
마킹 실수로 떨어진 자신감을 다음 시험에서 겨우 극복하다

✖ ✖ ✖

송이는 수학 교사가 되는 게 꿈일 정도로 수학을 좋아한다. 그런데 시험 문제를 풀 때 마킹을 하지 않는 실수를 해서 낮은 성적을 받게 되었다. 단지 마킹 실수였는데도 한동안 자기가 마치 수학 공부를 못하는 학생 같은 상태로 지냈다. 이는 학생들이 시험 성적에 영향을 많이 받는 걸 단적으로 보여 준다. 실력이 아니고 실수여도 영향을 받는다.

송이는 초등학교 3학년 때부터 쭉 수학 교사가 꿈이었다. 중학교 2학년 2학기 중간고사 때 시험지는 제대로 풀었는데 답안지 마킹을 하지 않는 실수를 해서 22점을 받았다. 그나마 서술형 문제는 쓴게 있어서 0점은 면했다. 점수를 받은 송이는 충격을 받았다. 믿을 수 없는 점수였다. 가족과 선생님들은 마킹 실수를 안타까워하며 위로를 많이 해 줬다.

그럼에도 불구하고 송이의 자신감은 점수와 같이 하락했다. 수학에 대한 두려움이 생기고 부정적인 생각이 들기 시작했다. 자신감도 없어졌다. 그러다 보니 수학 공부를 하기가 더욱 어려웠다. 공부가 뜻대로 되지 않자 마음이 조급해졌다.

송이는 중간고사 때 받은 점수가 억울해서 기말고사 때는 정신바짝 차리고 마킹 실수를 하지 않겠다고 다짐했다. 기말고사 목표 점수를 100점으로 잡고 예습과 복습을 열심히 했다. 공부를 하면서 이해되지 않는 것은 선생님께 질문했다. 한 번 물어보고도 해결이 안 되는 건 다시 물어보기도 했다.

송이는 개념서와 문제집으로 다시 시작했다. 개념을 외우지 않고 이해하려 했다. 기초부터 심화까지 순서대로 문제를 풀었다. 틀린 문제는 답과 풀이를 보지 않고 문제당 10분씩 배정해서 다시 고민하면서 풀었다. 그렇게 고민해도 모를 때는 개념서로 돌아가 힌트를 얻은 후 다시 풀었다. 그런 식으로 틀린 문제를 3번 이상 풀었다.

송이는 기말 시험지를 받자마자 '마킹하자!'라고 쓰고 시작했다. 다행히 높은 점수를 받아 이전의 마킹 실수를 극복할 수 있었다.

실수해서 받은 성적은 실제 실력이 아니다. 하지만 점수는 심리적 타격을 주고, 그로 인해 자신감도 떨어진다. 송이의 사례는 실력 자체는 아무런 변동이 없어도 실수로 낮은 점수를 받으면 감정적으로 굉장히 어려운 상황이 된다는 걸 보여 준다.

송이는 지금까지 공부하는 데 아무런 문제가 없었는데도 마킹 실수 이후로 갑자기 공부를 어떻게 해야 하는지 고민하게 되었다. 낮은 점수가 계속 생각나면서 수학에 대해 부정적인 생각을 하게 되고, 불안감도 생겼다.

송이는 중간고사 결과가 나온 때부터 기말고사 시험 때까지 몇 달간이나 자신감 없이 보냈다. 단지 점수만 떨어져도 아이들은 이런 심리적 변화를 겪을 수 있다. 송이는 단순히 실수라는 것을 알고 있었는데도 심각하게 영향을 받았다.

송이는 문제가 있는 그 지점으로 돌아가 기본에 충실한 방법으로 자신감을 회복했다. 송이가 실수를 극복하기 위해 한 방법은 크게 3가지이다.

첫째, 실수한 그 자리에서 실수를 반복하지 않으려고 노력했다. 시험 때 맨 먼저 '마킹하자!'라고 적었다.

둘째, 목표를 확실히 세웠다. 기말고사 목표 점수를 100점으로 잡았다.

셋째, 목표를 달성하기 위해 기본에 충실했다. 우선 예습하고, 복습하고 기본을 충실하게 했다. 문제는 기초부터 심화까지 순서대로 충실히 풀었다. 모르는 것은 선생님께 물어봤다. 바로 답지를 보지 않고 기본 개념으로 돌아가서 힌트를 얻고 다시 풀었다.

실수를 했을 때는 스스로 극복하려는 노력이 가장 중요한 역할을 하지만, 송이가 마음을 다잡고 자신에 대한 의심을 거둘 수 있기까지는 가족의 심리적 지원도 큰 역할을 했다. 송이는 중간고사 이후부터 기말고사를 보는 기간까지 가족들에게 지속적으로 지지를 받았다.

변동성이 생겼을 때는 원래 자리로 자신감을 가지고 돌아가는 회복탄력성이 중요하다. 마킹 실수가 아니라 계산 실수이거나, 개념을 잠깐 다르게 생각했더라도 회복탄력성을 가지고 자신을 믿고 행동하는 것이 굉장히 중요하다.

팀스TIMSS는 국제 교육성취도 평가협회에서 수학 과학의 성취도 수준을 국제 수준에서 비교해서 4년마다 측정하고 발표하는 통계이다. TIMSS 2019에서는 '수학 자신감'을 묻는 항목에서 초등학생보다 중학생의 비율이 더 낮았다. 교육부와 교육과정평가원이 발표한

TIMSS 2019 결과에 따르면, 초등학교 4학년은 수학에 자신감 있는 학생들이 64%, 중학교 2학년은 46%였다.

수학 자신감은 수학을 잘하는지, 선생님이 수학을 잘한다고 하는지 물어본다. 특별히 어려운 수학 문제를 잘 푸는 것도 포함되어 있다. 자신감 있는 중학생 수가 초등학생보다 18% 떨어졌다. 초등학생 때 잘하다가 중학생이 되어 곤란을 겪는 학생들이다.

수학 자신감을 물어보는 9문항 중에 '자신감이 있다.'에 해당하는 문항은 '나는 대체로 수학을 잘한다.', '나는 수학 내용을 빨리 배운다.', '나는 어려운 수학 문제를 잘 푼다.', '선생님은 내가 수학을 잘한다고 말씀하신다.'이다. 자신 있는 상태라는 건 잘하고, 잘 배우고, 어려워도 잘 풀고, 다른 사람도 내가 잘한다고 인정하는 것이다.

수학 자신감 9문항

- ☑ 나는 대체로 수학을 잘한다.
- ☑ 나는 우리 반 친구들에 비해 수학을 더 어려워한다.
- ☑ 나는 수학을 잘하는 것은 아니다.
- ☑ 나는 수학 내용을 빨리 배운다.
- ☑ 수학은 나를 긴장하게 한다.
- ☑ 나는 어려운 수학 문제를 잘 푼다.
- ☑ 선생님은 내가 수학을 잘한다고 말씀하신다.
- ☑ 나는 다른 과목보다 수학이 더 어렵다.
- ☑ 수학은 나를 헷갈리게 한다.

· 출처: TIMSS 2019 결과 발표 별첨 자료

자신감을 가진다는 것은 수학을 배울 수 있고, 잘할 수 있다고 스스로 믿는 것이다. 친구들보다 더 어려워하는 것도 아니다. 선생님의 인정과 격려도 필요하다.

원이는 멘토와 함께 꾸준히 공부했고, 나중에는 멘티가 아닌 멘토가 되어 친구들에게 설명해 주면서 자신감을 가지게 되었다. 송이는 실수를 극복하고 기본에 충실한 공부법으로 자신감을 회복했다.

아이들이 수학에 대한 자신감을 가질 수 있으려면 무엇을 해야 할까? 내 아이에게 가장 적절한 자신감 회복 방법을 찾아보자.

송이처럼 단순한 실수를 했을 때는 꾸준히 지지해 주면서 스스로 제 자리를 찾아 자신감을 회복할 수 있도록 도와주어야 한다.

만약 원이처럼 한 번도 제대로 된 수학 공부를 해 본 경험이 없다면 또래 멘토링을 시도해 보자. 어떤 것이 자신에게 맞는 방법인지 직접 해 보기 전에는 누구도 알 수 없다. 그냥 시도해 보자. 원이도 처음에는 멘토-멘티 프로그램이 성과를 나타낼지 몰랐다.

멘토링을 하면 멘티는 50%, 멘토는 200% 실력이 는다

소영이는 고난이도 문제는 자신이 없고, 아는 문제라도 친구한테 설명하는 것이 쉽지 않았다. 소영이는 고난이도 문제를 해결하기 위해 수학 동아리를 만들었다. 은이는 공부를 열심히 하는데도 수학이 여전히 취약 과목이었다. 은이는 수학 공부를 잘하기 위해 수학축전 참가 등 수학 인식 개선 활동을 시작했다.

두 사람은 공통적으로 멘토 활동을 했다. 멘티를 가르치면서 자신이 정확히 모르는 게 뭔지 찾아냈고 실력을 키웠다. 다른 사람과 협력하는 법도 배웠다.

소영의 사례
전전긍긍 멘토에서 차근차근 멘토가 되다

✖ ✖ ✖

소영이에게는 2가지 문제가 있었다.

첫째, 어려운 문제는 자꾸만 포기하고 싶어졌다.
둘째, 알기는 아는데 친구한테 설명하기가 어려웠다.

소영이는 문제 풀이가 힘들어서 끙끙대는 친구들을 보면 도와주고는 싶은데 도와주지 못해 답답했다. 친구들과 같이 문제를 풀고 어떻게 풀었는지 서로 설명해 주면 분명히 좋아질 거라는 생각이 있었다.

고민 끝에 소영이는 수학 동아리를 만들고 멘토가 되었다. 쉬운 문제부터 시작해 어려운 문제로 난이도를 높게 하니까 마치 게임처럼 생각되어 문제를 풀 때 스트레스가 줄었다.

멘토링 활동을 정해진 시간만 하지 않고 학교에 있는 동안에는 멘티가 도움을 청하면 도와주기로 했다. 소영이는 친구들에게 알고 있는 문제를 설명해 주고 싶었지만 내성적인 데다 설명하는 게 어렵고 잘 안되었다. 그래서 멘티가 자주 부를까 걱정이 되어 전전긍긍하며 숨어 있다시피 했다.

소영이는 멘티가 어쩌다가 알려 달라고 하면 설명 없이 종이에 풀이를 써서 넘겨주었다. 이 모습을 본 수학 선생님이 소영이를 불러 모르는 수학 문제를 가져오라고 하셨다. 수학 선생님도 소영이처럼 설명 없이 풀이를 써서 소영이에게 넘기셨다.

소영이는 풀이를 봐도 이해가 되지 않아 선생님께 다시 질문했다. 선생님께서 소영이가 맡은 멘티에게도 차근차근 설명해야 알아듣지 않겠냐고 하셨다. 소영이는 멘티가 느낄 막막함이 어떨지 이해되었다. 그 이후로 설명을 잘할 수 없더라도 질문을 받으면 차근차근 설명하려고 했다.

멘티에게 설명을 해 주다 보니 놀라운 일이 생겼다. 모르던 부분을 가르쳐 주면서 자세히 알게 되었다. 새로운 유형의 문제도 접해볼 수 있었다. 차례대로 단계를 밟아 가며 설명하는 게 익숙해지자 서술형 답안 작성이 훨씬 편해지고 실수도 줄었다.

소영이는 수학 동아리 활동을 하며 자신이 모르고 지나쳤던 부분이 어딘지도 알게 되었다. 시험을 잘 보게 되어 자신감도 갖게 되었다. 멘티도 모르던 걸 알게 되고 성적이 올랐다고 기뻐하자 덩달아 기분이 좋아졌다.

많은 학생이 어려운 문제를 피하고 싶어 한다. 그런데 소영이는 피하지 않고 친구들과 동아리를 만들어서 함께 푸는 방법을 찾았다. 실제로 어려운 문제를 다른 사람들과 같이 풀면 포기하지 않고 끝까지 해낼 수 있다. 이게 다른 사람들과 함께 할 때 생기는 힘이다.

나만 어려운 것이 아니다. 다른 사람들이 푸는 걸 듣다 보면 새로운 관점이 생겨 문제를 다양한 각도로 접근할 수 있다. '저렇게 생각할 수도 있구나.' 하는 새로운 이해가 생긴다.

설명을 하려면 상대방 입장에서 이해할 수 있게 해야 해서 내가 알고 있는 것보다 더 많이 준비해야 한다. 상대방이 어떤 점을 어려워하는지, 나는 그것을 어떻게 이해했는지 생각하면서 설명할 방법을 찾는다. 내가 알고 있는 것을 다시 한 번 더 생각해 보고, 제대로 알고 있는지 따져 보게 된다. 그러다 보니 설명을 준비하는 과정에서 많이 배우게 된다.

상대방의 질문을 듣고 어느 부분을 어려워하는지, 상대방이 아는 것과 모르는 것 사이의 갭이 뭔지 알게 된다. 그 부분을 어떻게 설명하면 이해하기 쉬울지 생각하면서 설명하다 보면 내가 알고 있는 지식이 더 촘촘하게 된다.

멘티한테 한 단계 한 단계 차근차근 설명해 주는 과정에서 논리적인 면이 더 촘촘해지다 보니 서술형 답안 작성이 수월해져 서술형 문항에 대해서도 실력이 늘고, 그 결과 성적이 좋아진다. 서술형 문항이 선다형 문항보다 어렵게 느껴질 때는 소영이처럼 친구한테 차근차근 설명하는 연습을 한 후에 서술형 문항의 답을 작성해 보자.

멘티의 성적이 오른 것에서 소영이는 다른 사람에게 도움이 되는 방법도 배우게 되었다. 소영이는 동아리를 결성하고, 다른 사람을 가르치고, 다른 사람과 협력하는 법을 배웠다. 미래를 살아가는 데 중요한 역량을 동아리를 하면서 체득했다.

은이의 사례
수학 공부 3단계: 수학 친해지기, 수학 좋아하기, 수학 잘하기

✖ ✖ ✖

은이는 수학을 가장 열심히 공부했다. 그런데도 수학이 가장 취약 과목이었다. 틀린 문제를 다시 풀고 확인을 해도 수학 실력이 늘지 않았다. 매번 다른 과목보다 수학이 더 고민이었다. 학원에서도 수학에 특화된 수업을 들었지만 점수는 그대로였다.

실수는 점점 늘어갔다. 시험마다 실수를 반복하니 자신감이 떨어졌다. 은이는 학교 시험이 다가오면 심리적 압박 때문에 잠을 편히 잘 수 없었다. 은이는 수학이 어렵고 두려웠다.

노력을 하는데도 실력이 늘지 않으면 방법을 바꿔야 한다. 아인슈타인은 똑같은 걸 하면서 다른 결과를 바라면 안 된다고 했다. 반복되는 시험 문제 풀이가 의미가 없을 때는 방법을 바꿔 보자.

은이는 수학에 대한 인식을 바꾸기 위해 수학축전에 참가했다. 수학을 싫어하고 힘들어하는 마음을 바꾸기 위해서였다. 수학축전에 참가하여 창의산출물 '청운교와 백운교'를 만들었다. 시간이 부족해 새벽까지 작업하기도 했다. 은이는 어려웠지만 창의산출물을 완성한 스스로가 자랑스러웠다.

창의산출물에 대한 발표도 했다. 은이는 열심히 만든 작품을 다른 사람에게 보여 주는 게 설레는 일이라는 걸 알게 되었다. 만들 때는 최고의 작품을 만든다고 생각했는데, 막상 행사장에 가니 그동안에는 보지 못했던 흠결이 보였다.

은이는 쑥스러웠으나 발표도 잘했고, 동상을 받았다. 은이는 수학에 다가간 과정이 스스로 만족스러웠다. 이것은 은이가 수학으로 인해 처음으로 경험한 행복감이었다.

은이가 두 번째로 행복감을 느낀 것은 매스투어였다. 매스투어는 투어 장소를 정해서 그 장소의 수학적 요소를 조사하고 분석한 뒤 어린 친구들에게 설명해 주는 활동이다. 은이는 아산까지 가서 활동을 했는데 자신의 설명에 귀 기울여 듣는 어린 친구들을 보면서 열심히 한 게 뿌듯했다.

은이는 누군가를 가르치는 활동을 하면서 수학에 대한 생각과 태도가 바뀌었다. 우선 어린 친구들의 눈높이에 맞게 정확한 정보를 전달하려고 노력했다. 아이들을 가르쳐 보니 뿌듯함이 무척 컸다. 덕분에 수학에 대한 두려움이 사라졌다.

은이는 자신감을 가지고 멘토-멘티 활동에 참여했는데 교사인 꿈에 한 발짝 다가간 것 같아 기분이 좋았다. 아는 부분을 친구한테 가르쳐 주면서 잘 모르는 부분을 다시 풀다 보니 취약한 부분이 보완이 되어서 실력도 기를 수 있었다. 은이는 다른 사람을 완벽하게 가르칠 정도의 실력이면 내용이 완전히 자기 것이 된다는 것을 알게 되었다.

은이는 수학축전에서의 활동이 행복했고 만족스러웠다. 문제집만 계속 풀 때는 변화가 없었는데, 수학 활동을 하면서 수학이 좋아지고, 수학과 친해지면서 결과가 달라지기 시작했다. 수학에 대한 인식도 긍정적으로 바뀌었다.

아이들에게 학교나 교육청에서 개최하는 수학축전에 참가하는 것을 강력히 추천한다. 수학축전에 참가하면 하나의 작품을 가지고 여러 번 설명하게 된다. 한 번 설명하고, 두 번 설명하다 보면 아이들이 바뀐다. 다른 사람들 앞에서 발표를 하면서 아이들이 성장한다.

은이의 수학 공부 3단계는 다음과 같다.

1단계: 어려움을 극복하고 수학과 친해지기

2단계: 수학 좋아하기

3단계: 수학 잘하기

수학에 자신이 없다면 은이처럼 수학 공부 3단계를 찬찬히 밟아보자.

은이처럼 수학 공부에 신경을 많이 쓰고 열심히 공부하는데도 변화가 보이지 않는다면 다른 방법으로 접근해야 한다. 수학을 잘하려면 먼저 수학과 친해져야 한다. 수학과 친해질 기회를 갖고 수학이 좋아지는 활동을 하자. 그 활동을 하면서 뿌듯하고 대견함을 느끼는 순간 수학에 대한 생각이 바뀐다. 이 바뀐 생각이 새로운 결과로 가는 길을 열어 준다.

　자신이 해 보지 않던 새로운 활동을 하면서 자신의 다른 모습을 발견할 수 있다. 소영이와 은이는 둘 다 멘토 활동을 하면서 수학을 잘하게 되었다. 소영이는 멘토 활동을 통해 실력이 올라갔고, 멘티도 성적이 올라갔다. 기존과 다르게 접근하면 소영이와 은이처럼 수학을 잘하는 자신을 찾아낼 수 있다.

　소영이는 어려운 문제는 포기하고 싶고, 아는 문제라도 친구한테 설명하기는 어려웠다. 은이는 실수가 많아 수학이 두려웠다. 두 학생 다 멘티한테 설명을 해 주면서 자신들이 제대로 알지 못했던 부분을 잘 알게 되었다. 혼자 공부하거나, 문제집을 푸는 것만으로는 알 수 없었던 개념의 공백을 정확히 알고 그것을 빈틈없이 메우게 된 것이다.

　알지 못하는 부분을 배우고 익히는 것은 수학 학습에서 가장 중요한 포인트이다. 소영이는 서술형 문항에서 큰 도움을 받았고, 은이는 실력을 전체적으로 탄탄히 쌓을 수 있었다.

　소영이와 은이는 둘 다 학습의 문제점을 적극적으로 해결하려고 시도했다. 이 노력이 수학 학습의 가장 중요한 포인트와 연결되어 좋은 결과를 가져왔다.

학부모들에게 자녀의 학습을 지도할 때 무엇이 어려우냐고 물어본 적이 있다. 그때 학부모들이 가장 많이 한 답변 중 하나가 '설명이 어려워요.'였다. 수학 교과서를 보면 답은 알겠는데 설명하기가 어렵다고 했다. 답은 아는데 설명하기 애매한 건 소영이와 같은 상태이다.

일단 소영이가 한 방법대로 설명을 해 보자. 자녀에게 어디를 모르는지 물어본 뒤 설명할 수 있는 만큼만 설명하면 된다. 질문과 대답을 주고받는 사이에 아이가 뭘 모르고 있었는지를 알게 된다. 설명하기 애매하고 매끄럽게 설명하지 못한다고 해서 설명을 포기하지 말자.

5

자신에게 맞는 방법을 찾으면 수학에 재미를 느낄 수 있다

기초가 부족하더라도 자신에게 맞는 방법을 찾으면 수학 공부에 재미를 느낄 수 있다. 초등학교에서 수학 기초를 다지지 못한 채 중학교에 올라온 아이가 자신에게 맞는 공부 방법을 찾아 하위권에서 중상위권이 되었다.

미니는 초등학교 때 나머지 공부를 했을 정도로 수학 기초 개념이 안 잡혀 있었다. 그런데 차근차근 공부하며 기초 개념의 바닥을 다짐으로써 수학 공부에 흥미를 느끼게 되었다.

누구에게나 자신에게 맞는 방법이 있다. 늦었다는 생각이 들더라도 할 수 있으니까 초조해하거나 '수학 공부는 나와 안 맞다.'고 생각하지 말고 방법을 찾아보자.

미니의 사례
나머지 공부 실력이었는데 기초를 잡고 재미를 느끼다

✖ ✖ ✖

이 사례는 기초가 튼튼하지 않은 학생이 어떻게 공부하면 되는지를 보여 준다. 미니는 나머지 공부를 하던 학생이었다. 그랬던 미니가 가르치는 선생님이 아니라 도와주는 선생님을 만나고 나서 바뀌었다.

미니는 초등학교 때 자신감이 없었다. 거의 매일 나머지 공부를 했다. 다른 공부도 어려웠지만 수학은 더 어려웠다. 특히 곱셈과 나눗셈이 어려웠다. 풀 때마다 답이 달랐다. 선생님은 이런 쉬운 문제도 못 푸냐고 하셨다.

미니는 정말 괴로웠다. 수학이 싫고 두려웠다. 풀 때마다 답이 다르게 나오는데 왜 다르게 나오는지 알 수도 없었다. 어떤 답이 맞는 건지도 알 수 없었다.

중학교 때도 초등학교 때와 마찬가지로 수학이 힘들었다. 그런데 미니의 중학교 선생님은 자신이 '가르치는 사람'이 아니라 '도와주는 사람'이라고 하셨다. 선생님의 꿈은 학생들이 수학을 쉽고 재미있게 공부하는 거라고 하시며, 수학 공부를 잘하고 싶은데 도움이 필요한 사람은 오라고 하셨다.

미니는 수학 시간에 선생님이 가르쳐 주는 내용을 이해할 수가 없어서 따로 질문을 했다. 선생님의 답변을 이해할 수 없을 때는 답변에 대해서 또 질문을 했다.

선생님이 제시한 3가지 공부 방법

선생님은 상담 후에 미니에게 공부 방법 3가지를 제시해 주셨다. 3가지 방법을 지킬 수 있으면 도전하고, 지킬 수 없다면 선생님도 도와줄 수 없다고 하셨다.

첫째, 오늘 수업 내용을 다 알기 전에는 집에 가지 않는다.
수학 시간에 배운 내용이 친구의 도움을 받아도 이해되지 않으면 선생님께 와서 다 파악한 후에 집에 간다.
둘째, 반드시 복습한다.
오늘 수업 시간에 배운 내용은 집에 가서 공책에 다시 정리한다. 문제도 혼자 힘으로 다시 풀어야 한다. 집에서 복습하다가 잘 모르면 다음 날 다시 배워야 한다.
셋째, 일주일에 한 번씩 선생님께 복습한 것을 검사받는다.

미니는 한번 해 보기로 결심했다. 처음에는 수업 시간에 배운 내용을 이해하지 못하는 게 많아서 선생님께 질문을 많이 했다. 그날 배운 내용을 열심히 공부한 후에 집에 갔다. 집에서 복습할 때는 '나만의 수학 공책'을 만들었다. 학교에서 분명히 쉽게 풀었던 문제인데 집에 오면 잘 안 풀렸다. 자습서 풀이를 보고 연구해서 풀어도 답이 나오지 않았다.

다음 날 학교에 가서 선생님께 물어봤다. 선생님은 실수한 부분을 스스로 찾을 수 있도록 도움을 주셨다. 풀이 과정에서 잘못된 부분을 찾아보라고 하셨다. 스스로 못 찾으면 찾을 범위를 줄여 주셨다. "몇째 줄 아래에서 찾아봐." 그래도 못 찾으면 범위를 더 줄여 주셨다. "몇째 줄에서 찾아봐." 그래도 못 찾으면 선생님이 직접 찾으신 후에 왜 그렇게 했는지 이야기를 나누었다. 이 과정에서 미니는 개념을 어떻게 잘못 이해했는지, 단순 실수였는지 파악하게 되었다.

미니의 선생님은 미니가 기초가 튼튼하지 않으니 항상 정확하게 풀고, 풀이가 길어도 원칙대로 푸는 연습을 해야 한다고 말씀하셨다. 미니의 '나만의 수학 공책'이 점점 두꺼워졌다. 일주일에 한 번 마지막 수업 시간에 복습 노트를 검사받았다.

검사 때마다 선생님께서 칭찬해 주셔서 미니는 용기가 나고 매우 기뻤다. 틀린 문제는 다시 한 번 더 풀었다. 그렇게 하고도 자신이 없으면 미니는 스스로 문제를 만들어 풀었다. 미니가 만든 문제는 답이 없어서 선생님께서 봐 주셨다.

미니는 왜 실수를 했는지 알게 되었다. 같은 실수를 반복한다는 것도 알게 되었다. 선생님은 미니가 만든 문제를 보고 재미있다며 칭찬을 많이 해 주셨다. 미니는 기분이 좋았다. 문제 만들기에 재미를 붙였다.

문제 출제는 창의적인 활동이다. 그러므로 문제를 풀지만 말고 만들어 내는 활동을 강력히 추천한다. 아이들이 낸 문제는 기지가 번뜩인다.

미니의 사례는 기초가 부족한 학생이 차근차근 공부해 가는 방법을 알려 준다. 중학교에 들어가서 선생님이 제시한 공부 방법은 기초부터 차근차근 하는 방법이다. 기초가 부족한 학생이 해야 할 방법은 간단하다. 그날 배운 내용은 그날 완전히 이해하기, 반드시 복습하기이다. 여기서 가장 중요한 건 스스로 해 내겠다고 결심하는 것이다. 미니는 결국 수학 공부에 자신감을 가지게 되었다.

기초가 부족한 아이에게 필요한 4가지

미니는 기초 개념이 부족할 때 기초를 차근차근 다지는 방법으로 공부했다. '나만의 수학 공책'에 각 단계를 다 기록하고 모르는 걸 남겨 두지 않고 다 해결하기 위해 노력했다. 그러다 보니 하위권에서 중·상위권으로 치고 올라갈 수 있었다.

아이의 수학 기초가 부족하다면 다음 4가지를 할 수 있도록 도와주자.

첫째, 스스로 공부하겠다고 결심한다.

둘째, 개념 이해와 복습을 배운 날 기준으로 완벽하게 한다. 그날 배운 건 그날 이해하고 복습까지 한다.

셋째, 일주일 동안 복습한 걸 모아 검사받는다. 숙제 검사를 할 때는 폭풍 칭찬해 준다.

넷째, 재미를 붙일 활동을 한다. 재미가 있어야 계속할 수 있다. 기초가 부족했던 미니가 재미를 붙인 활동은 문제 내기였다.

규칙을 정하고 규칙을 꾸준히 지키는 건 공부하는 데 도움이 된다. 어렸을 때 나는 학교에서 돌아와서 숙제를 다 마쳐야 밥을 먹었다. 아무리 배가 고파도 숙제를 마치기 전에는 밥을 먹지 않았다. 덕분에 숙제를 하지 않고 그냥 학교에 간 날은 없었다. 이런 습관 때문에 모르고 넘어가는 개념이 없었다.

그날 한 공부를 그날 다 이해하고 복습하는 게 공부의 기초를 닦는 방법이다. 이것은 누구나 다 알지만 실천이 어렵다. 숙제를 하면 학교에서 배운 내용을 익히는 시간을 가지게 된다.

아이가 학원에 다니면 기본적으로 하나의 개념을 세 번 정도 반복한다. 학원에서 한 번, 학교에서 한 번, 학원에서 또 한 번 한다. 하나를 배울 때 모르는 것 없이 찬찬히 하는 게 중요하다. 아는 것 같기도 하고 모르는 것 같기도 한 상태가 만들어지면 이걸 극복하는 게 중요하다. 이럴 때 미니의 선생님이 하신 것처럼 도와주어야 한다. 부족한 기초를 찾아내고 튼튼히 기초를 쌓는 게 중요하다.

미니를 보면 공부에 너무 늦은 때는 없다. 스스로 재미를 느끼거나 친해지는 감정을 먼저 가지면 바뀔 수 있다. 그렇게 될 때까지 꾸준히 지도해 줘야 한다. 싫은데 억지로 해서 긍정적 효과가 나는 경우는 거의 없다.

초등학교 때 수학 기초를 잡지 못하고 중학생이 되었다면 미니처럼 차근차근 해 보자. 미니가 했으니 다른 학생들도 할 수 있다. 부족한 기초를 하나하나 닦으면 앞으로 나아갈 수 있다. 공부에서 즐거운, 재미난 부분 하나를 잡으면 먼 길을 갈 수 있다.

지우의 사례
고등학생 때 전교 200등을 올리다

✖ ✖ ✖

고등학생인 지우는 수학 시험 시간에 같은 번호로만 찍어서 답안을 작성하고 잠을 자기도 했다. 그랬던 지우가 수학을 좋아하는 아이로 바뀌었다. 수학이 제일 싫어하는 과목이었는데 이제는 제일 좋아하는 과목이 되었다. 이렇게 제일 싫어하는 과목이 제일 좋아하는 과목으로 바뀔 수도 있다.

지우는 '친구와 함께 200등 올리기 대회'에 참가하면서 수학 공부를 잘할 수 있겠다는 생각이 들었다. 대회에 참가한 것뿐만 아니라 실제로 200등을 올렸다. 고등학생이어도, 기초가 안 되어 있어도 수학 공부를 시작하고 꾸준히 하면 잘할 수 있다. 수학 공부를 하기에 늦은 때는 없다. 일단 시작할 용기가 필요하다.

지우는 수학을 싫어하다 보니 다른 과목 시간까지 수학 수업 시간처럼 행동하면서 공부에 소홀해졌다. 지우가 이래도 되나 하고 불안해하던 차에 다시 도전할 계기가 생겼다. 교내 학습 프로그램 '친구와 함께 200등 올리기 대회'에 참가했다.

같이하는 친구와 합심해서 200등을 올리면 상품을 받을 수 있었다. 친구가 많이 도와주었다. 친구가 간단히 설명해 주면 교과서 문제를 풀었다. 모르는 건 다시 물어봤다. 풀이 방법을 외우고 교과서를 반복해서 풀었다. 성적이 약간 올랐다.

지우는 수학을 잘할 수도 있겠다는 생각이 들었다. 앞으로 열심히 해야겠다는 다짐을 했다. 지우는 열심히 공부하고 문제를 풀었다. 그런데 답을 찍었을 때보다 더 낮은 성적이 나왔다. 그래도 포기하지 않고 계속해서 개념 이해에 많은 노력을 기울였다. 그 결과 드디어 성적이 조금 오르기 시작했다.

지우는 방학 동안 보충수업을 하면서 예습을 어느 정도 해서 자신감이 들었다. 수업을 들을 때 전보다 이해하기가 수월했다. 수업 시간에 앞에 나가서 풀면서 발표한 적도 있었다. 이전에는 발표를 하고 싶어도 풀 수 있는 문제가 없었다. 발표하는 친구들이 부러웠는데 이제 자기도 발표할 수 있어서 뿌듯했다. 친구들에게 설명할 때 '어떻게 설명하면 더 쉽게 이해할 수 있을까?', '좀 더 쉽게 푸는 방법은 없을까?'를 고민하는 것이 즐거웠다.

지우는 풀이를 하면서 말로 설명해 보았다. 설명하면서 풀이하는 과정을 통해 잘 모르는 부분이 어디인지 알게 되었다. 제대로 이해했는지 확인할 수 있어서 개념 이해에 도움이 되었다. 발표 수업에 참여하면서 지우에게도 물어보는 친구들이 생겼다. 지우는 정말 기뻤다.

친구들의 질문을 받아 한 번에 풀어 준 문제도 있었다. 대부분의 문제는 이미 풀어 보았는데 안 풀리거나, 다른 방식으로 풀어서 틀리거나, 풀기 어려운 문제였다. 지우는 덕분에 안다고 착각하고 넘어갔던 문제와 부족한 부분들을 차근차근 짚고 넘어갈 수 있었다.

지우는 예전에 가장 싫어하는 과목이 수학이라고 아무런 망설임 없이 말했는데 지금은 친구들 사이에서 수학자, 수학귀신이라고 불릴 만큼 수학을 좋아하게 되었다. 처음에는 친구들과 함께 단순한 호기심으로 공부를 시작했다. 시작만으로 잘되지는 않았다. 긴 시행착오 끝에 얻은 달콤한 열매 덕분에 지우는 수학귀신이라는 별명을 가지게 되었다.

다시 시작하는 데는 친구의 도움이 컸다. 친구의 도움으로 약간의 성적 상승 결과가 있었던 덕분에 지우는 다시 해 볼 마음을 갖게 되었다. 혼자서는 하기 어렵다. 친구와 함께하면 힘이 생긴다. 친구들이 격려해 주고, 물어봐 주면 신나고 없던 힘도 생긴다.

지우는 친구들이 물어보는 걸 무척 기쁘게 생각한다. 그런데 친구들이 물어보는 문제 대부분은 바로 풀어 줄 수 없는 문제였다. 지우는 답을 하기 위해 더 열심히 공부했다. 친구들이 잘 이해하게 하려고, 친구들에게 쉽게 설명하기 위해 고민했다. 그것이 또 좋은 결과로 이어졌다.

지우의 4단계 공부법

1단계: 교과서 문제 풀이

2단계: 수업 시간에 앞에 나가서 발표하기

3단계: 설명하면서 풀이하기

4단계: 친구 질문을 받아서 설명하기

지우는 기초 실력을 쌓은 뒤 다른 사람 앞에 나서서 발표를 하면서 자신감을 갖게 되었다. 지우가 처음 공부를 시작했을 때는 교과서 문제를 외워서 풀고, 친구에게 도움을 많이 받았지만, 기초를 쌓아 가다 보니 조금씩 수업 내용이 이해가 되었다.

풀이 과정을 말로 설명하는 공부 방법을 쓰면서 어느 부분이 잘 이해되지 않는지가 명확해졌다. 개념을 이해하는 데 도움이 되었다. 친구들이 물어본 어려운 문제까지 설명해 줄 수 있을 정도로 공부한 지우는 전교 성적을 200등이나 올렸다.

지우는 발표를 하고, 풀이 과정을 말로 설명하고, 친구들의 질문에 답을 해 주면서 수학의 개념을 차근차근 익혀 나갔다. 지우는 교과서 문제 풀이에서 시작해서 발표 수업, 설명하면서 풀이하기, 친구한테 질문을 받아서 설명해 주기의 순서를 거쳐서 수학을 좋아하는 아이로 바뀌었다.

윈스턴 처칠은 옥스퍼드 대학교의 졸업식 축사에서 이렇게 말했다.

"절대, 절대, 절대 포기하지 마라!"

수학 공부를 하는 데 너무 늦은 때는 없다. 시간을 두고 기초를 탄탄히 하면 가능하다는 사례를 지우가 보여 준다. 교과서의 개념들을 익히고, 친구에게 설명하면서 개념 사이사이에 비어 있던 개념들을 모두 익히면 가능하다. 포기하지 않고 꾸준히 개념을 익히고 배워 가는 것이 중요하다.

리라의 사례
수학 절대평가 E에서 A로 올라가다

✖ ✖ ✖

하위권이었던 학생이 수학 체험 활동으로 수학에 대한 생각이 바뀌면서 수학 성적이 오른 사례이다. 리라는 수학 노트로 수학과 친해졌고, 수학 체험 활동으로 자신감을 가지게 되었다. 수학과 먼저 친해지고 그 다음에 자신감을 가지게 되었다.

리라는 중학교 수학 성적이 절대평가 E등급에서 A등급으로 올랐다. 절대평가 E등급은 5등급 중에서 가장 낮은 등급이고, A등급은 가장 높은 등급이다. 중학교에서 절대평가는 90점 이상이면 A, 80점 이상이면 B, 70점 이상이면 C, 60점 이상이면 D, 60점 이하이면 E등급이다. 절대평가는 학생 수와 상관없이 점수를 기준으로 등급을 준다.

리라는 수학 시간을 싫어했는데 체험 활동을 통해 자신감을 가지게 되었다. 리라에게는 수학 체험 시간이 사막에서 만난 오아시스처럼 느껴졌다. 리라는 어떻게 오아시스를 만났을까? 수학 체험 시간은 왜 리라에게 오아시스가 되었을까?

리라는 수학 공부를 하는 데 두 사람의 도움을 받았다. 친구와 수학 선생님이다. 리라는 중학교 2학년 1학기까지 성적이 30~50점 대였다. 친구는 리라가 수학을 이해할 수 있도록 쉽게 설명해 줬다. 친구 덕분에 2학년 2학기에 수학 성적이 60점대로 중위권에 들었다. 수학 선생님은 2학년 때 수학 체험 활동을 하게 해 주셨다. 손으로 직접 만들고 활동을 하면서 수학의 다양한 모습을 확인했다.

리라는 수학을 싫어했지만, 수학 체험 시간은 좋아했다. 수학 선생님은 직접 제작한 수학 노트로 수행평가를 했다. 수학 체험 활동 덕분에 수학과 친해질 수 있었다. 리라는 수학 체험 활동을 하고 수학 노트를 썼다. 수학 일기 쓰기, 수학 도서 읽고 감상문 쓰기, 수학시 짓기, 수학 체험 활동 후 감상문 쓰기를 했다. 리라는 수학을 일기, 독서, 시 등 다양하게 연결해 활동하는 동안 생각이 바뀌었다. 수학이 싫다는 생각이 없어졌다. 리라는 수학 체험 노트로 우수상을 받았다. 상을 받고 나니 수학에 대한 생각이 긍정적으로 바뀌었다.

리라네 학교에서 수학체험전이 열렸다. 체험전에 참여한 사람이 약 6,500명이었다. 리라는 그렇게 많은 사람이 즐겁게 체험하는 걸 보고 깜짝 놀랐다. 리라는 하노이탑 부스를 맡았다. 고등학생과 수학 선생님들에게 하노이탑에 대한 설명을 하는 경험을 했다.

과학수학페스티벌에도 나갔다. 다른 지역의 수학체험전에도 나갔다. 다양한 곳에서 체험을 하고 수학을 배웠다. 수학이 재미있다는 생각이 들기 시작했다. 리라는 수학체험전이 계기가 되어 자신감을 가지고 적극적으로 행동했다. 생각도 긍정적으로 바뀌었다.

리라는 선생님이 믿어 주셨고, 만들기를 좋아해서 이렇게 될 수 있었다. 3학년이 되자 성적이 A등급으로 올랐다. 평소 성적은 전교 60~100등이었는데 3학년 때 1차 고사에서는 전교 7등, 2차 고사에서는 전교 5등을 했다.

리라는 전교 성적이 두 자리 숫자에서 한 자리 숫자로 바뀌었다. 도대체 이 일은 어떻게 일어났을까? 수학을 싫어하던 리라가 만난 오아시스는 수학 체험이었다. 수학 체험 활동을 하고 수학체험전에 나가면서 리라가 달라졌다.

리라는 문제 푸는 것 말고 다른 활동을 하면서 수학과 친해졌다. 수학 문제 풀기가 싫다는 생각이 가득 찼던 리라는 활동을 하면서 생각을 바꾸게 되었다. 수학과 친해졌다. 스스로 즐겁게 해서 결과가 좋아졌다.

리라는 문제를 풀고 또 풀어서 성적이 오른 것이 아니다. 수행평가로 한 수학 노트 덕분에 수학과 친해졌다. 수학체험전에 나가서 한 여러 경험 덕분에 자신감이 생겼다. 수학에 대한 생각이 긍정적으로 바뀌고, 다른 활동들도 자신감 있게 할 수 있게 되었다.

체험 활동은 2학년 때 열심히 했다. 체험전에도 나갔다. 3학년 때 전교 성적이 두 자리 숫자에서 한 자리 숫자로 급상승했다. 스스로 즐겁게 참여한 결과였다.

성적이 잘 나와서 원래 자신감이 충만한 아이들은 그대로 해도 된다. 공부와 거리가 있거나 열심히 해도 변화가 없을 때는 활동을 바꾸는 게 필요하다. 행동을 바꾸면 생각이 바뀐다. 다른 활동을 하면 수학에 대해 지금까지와는 다른 생각을 할 수 있다. 수학에 대한 생각이 바뀐다.

수학 독서를 하면 수학이 어디에 쓰이는지 알 수 있다. 수학 시 짓기는 수학에 대한 아이들의 생각을 표현하기 좋다. 자신을 드러내면 자신감이 생긴다. 활동을 하면 생각이 긍정적으로 바뀐다. 그전까지 리라는 성적을 낮추고 부모님과 관계를 멀게 하는 주범이 수학이라고 생각했다.

리라는 수학을 싫어했지만 수학과 친해지는 일을 먼저 했다. 수학과 친해지는 수학 체험 활동을 하고 수학 노트를 썼다. 수학 공부가 어렵고 싫을 때는 무작정 문제 풀기에 매달리기보다 리라처럼 다른 수학으로 방법을 바꿔서 다르게 접근해 보자.

중위권에서 상위권으로 가는 데는 수학 체험 활동이 주효했다. 자신감이 생기고 재미있다는 생각이 들면서 스스로 즐겁게 수학 공부를 하기 시작했다. 하위권에서 중위권, 상위권으로 성적이 좋아진 결과는 당연하게 따라 온 것일 뿐이다. 자신감을 가지고 즐겁게 수학 공부를 한 결과이다.

수학 체험 활동 3단계

1단계: 수학 체험 활동을 하고 수학 노트 쓰기

수학 일기 쓰기

수학 도서 읽고 감상문 쓰기

수학 시 짓기

수학 체험 활동 후 감상문 쓰기

2단계: 수학체험전, 수학과학페스티벌 참가하기

3단계: 체험 부스 운영하기

주변에 체험 부스가 열리면 많이 참여해 보는 게 좋다. 학생들이 설명하는 걸 듣는 것도 좋다. 직접 만들어 보면서 모양이나 패턴, 구조와 원리를 깨닫게 된다. 이런 체험 활동을 하면 문제 풀이를 하면서 생각했던 수학에 대한 이미지를 바꿀 수 있다. 다른 경험을 하면 수학에 대한 생각이 바뀌고 새롭게 마주할 수 있다.

4장

미래역량을
기르는
수학 공부 방법

OECD 교육 2030에서는 학생의 자기주도성을 강조한다. 원래부터 공부는 학생이 스스로 하는 것이다. 공부를 스스로 잘하려면 왜 배우는지, 어디에 사용되는지 아는 것이 먼저이다.

이 장에서는 학생들이 스스로 찾은 제 몸에 맞는 수학 공부 습관을 소개한다. 지금까지 해 오던 점수 잘 맞는 공부 방법이 아니라 미래역량을 기르는 것과 합치하는 예시를 중심으로 한 것이다. 바로 인공지능 시대의 수학 공부법이다.

그 밖에 수학 과제 연구, 수업, 학생 수기 등에서 사례를 제공하며 공학 도구의 활용, 21세기 역량인 학습의 성찰, 생각하는 힘을 다룬다.

수학을 좋아하는 학생들은
왜 수학을 좋아할까?

2015년에 교육부와 한국과학창의재단은 수학 학습 실태 조사에서 우리나라 학생들이 수학을 좋아하는 이유를 조사했다. 초·중·고등학생 총 9,433명이 조사에 응답했다. 성공하는 사람들의 습관에서 성공에 대한 힌트를 얻을 수 있듯이, 수학을 좋아하는 학생들이 수학을 좋아하는 이유를 보면 수학 공부에 대한 힌트를 얻을 수 있다.

수학을 좋아하는 학생들은 어떤 이유로 수학을 좋아하는 걸까? 아이가 수학을 좋아하려면 지금 당장 뭘 해야 할까? 초·중·고등학생들이 수학을 좋아하는 이유를 알아보자.

수학을 좋아하는 이유

✖ ✖ ✖

아이가 초등학생 때부터 수학을 좋아하려면 어떻게 해야 할까? 어떻게 하면 우리 아이도 수학이 좋다는 느낌을 갖게 될까? 좋아하면 잘할 수 있고, 잘하면 좋아한다고 생각한다. 아이가 초등학생이면 초등학생들이 수학을 좋아하는 이유에서 힌트를 얻어 보자.

초등학생이 수학을 좋아하는 이유 중 가장 높은 3가지는 '문제를 해결하고 나면 뿌듯해서' 30.3%, '재미있어서' 20.0%, '잘하는 과목이어서' 10.6%이다. 그 다음으로 '답이 명확해서' 10.5%, '수학을 잘하면 더 똑똑해 보여서' 8.9%, '외울 내용이 많지 않아서' 6.7%, '수업 시간이 좋아서' 3.8%, '선생님이 좋아서' 2.4%이다.

재미를 느끼면 좋아하게 된다. '도대체 어떻게 수학이 재미있지?' 생각할 수도 있는데, 공부를 하다 보면, 하나씩 개념을 깨치다 보면 모르던 것을 알게 되는 재미가 있다. 또 잘하는 과목이어서 좋아하기도 한다. 결과가 좋으면 좋아지기도 하고, 좋아서 시간을 두고 배우기 때문에 좋기도 하다.

수학 공부를 해 본 사람들은 끙끙거리면서 문제를 풀고 난 후에 느끼는 뿌듯함이 뭔지를 잘 안다. 어려운 문제, 쉽게 안 풀리는 문제를 시간 들여 논리적으로 해결하고 난 뒤에 느끼는 뿌듯한 기분, 그 재미에 수학을 한다고 하는 학생이 가장 많다.

그리고 수학 점수를 높게 받는 것보다 수학을 좋아하는 게 먼저이다. 못 푸는 걸 답답해하기 전에 질문을 바꿔야 한다. 어떻게 하면 수학을 좋아하게 할 수 있을까? "왜 그걸 못 푸니?" 대신에 "문제해결의 재미를 알게 하려면 어떻게 해야 할까?"로 질문을 바꿔 보자.

해 봐야 안다. 그 순간을 겪어 봐야 안다. 해 보지 않고, 겪어 보지 않고 설명만으로는 알기 어렵다. 수학에 재미를 느끼거나 수학 수업 시간을 좋아하려면 어떻게 해야 할까? 뿌듯함을 느끼는 순간을 경험하게 하고 깨닫게 해야 한다. 아이가 어떤 걸 했을 때 뿌듯함을 느끼는 게 있다면 그 방법으로 시작하는 것도 좋다. 아는 곳에서 시작하게 한다.

외우는 것은 귀찮지만 명확한 답을 좋아하거나, 다른 학생들에게 똑똑해 보이는 걸 좋아하거나, 수학 수업 시간이 좋거나, 선생님이 좋으면 수학을 좋아한다. 아이의 성향에 맞춰 스스로 수학을 좋아하는 아이가 되도록 안내하자.

"너는 수학을 좋아해야 해."라고 말로 강요해서 되는 일이 절대로 아니다. 아이 스스로 수학이 좋다고 느껴야 한다. 그 길을 아이 스스로 찾을 수 있도록 약간의 힌트와 넛지(팔꿈치로 슬쩍 찔러서 다른 사람의 행동을 유도하는 것)만 주자. 수학 수업이 좋고, 수학 개념을 배우는 게 좋고, 수학 문제에 도전하는 게 재미있고 좋아야 한다.

초·중·고등학생이 수학을 좋아하는 이유

초등학생

문제를 해결하고 나면 뿌듯해서	30.3%
재미있어서	20.0%
잘하는 과목이어서	10.6%
답이 명확해서	10.5%
수학을 잘하면 더 똑똑해 보여서	8.9%
외울 내용이 많지 않아서	6.7%
수업 시간이 좋아서	3.8%
수학 선생님이 좋아서	2.4%

중학생

문제를 해결하고 나면 뿌듯해서	29.0%
답이 명확해서	15.8%
재미있어서	11.3%
외울 내용이 많지 않아서	10.5%
수학 선생님이 좋아서	8.0%
수학을 잘하면 더 똑똑해 보여서	7.3%
잘하는 과목이어서	6.8%
수업 시간이 좋아서	2.9%

고등학생

문제를 해결하고 나면 뿌듯해서	31.7%
답이 명확해서	21.9%
재미있어서	10.0%
수학을 잘하면 더 똑똑해 보여서	7.8%
수학 선생님이 좋아서	7.1%
외울 내용이 많지 않아서	6.6%
조금만 잘해도 등급이 잘 나와서	4.9%
잘하는 과목이어서	3.7%
수업 시간이 좋아서	1.9%

· 출처: 한국과학창의재단(2015). 『수학학습 실태 조사 및 개선방안 연구』

중·고등학생은 초등학생과 수학을 좋아하는 이유의 순서가 약간 다르다.

학생들이 수학을 좋아하는 여러 가지 중에서 아이의 특성과 성향에 맞는 접근을 하면 효과적이다. 아이의 나이에 따라 중학생이 좋아하는 이유, 고등학생이 수학을 좋아하는 이유를 참고하면 도움이 된다.

중학생이 수학을 좋아하는 이유 조사 결과는 다음과 같다. 중학생이 수학을 좋아하는 이유 중 가장 높은 3가지는 '문제를 해결하고 나면 뿌듯해서' 29.0%, '답이 명확해서' 15.8%, '재미있어서' 11.3%이다. 그 다음으로 '외울 내용이 많지 않아서' 10.5%, '수학 선생님이 좋아서' 8.0%, '수학을 잘하면 더 똑똑해 보여서' 7.3%, '잘하는 과목이어서' 6.8%, '수업 시간이 좋아서' 2.9%이다.

고등학생이 수학을 좋아하는 이유 중 가장 높은 3가지는 '문제를 해결하고 나면 뿌듯해서' 31.7%, '답이 명확해서' 21.9%, '재미있어서' 10.0%이다. 그 다음으로 '수학을 잘하면 더 똑똑해 보여서' 7.8%, '수학 선생님이 좋아서' 7.1%, '외울 내용이 많지 않아서' 6.6%, '조금만 잘해도 등급이 잘 나와서' 4.9%, '잘하는 과목이어서' 3.7%, '수업 시간이 좋아서' 1.9%이다. 수학을 좋아하는 아이들은 명확한 걸 좋아하거나 외우는 걸 싫어하는 경향이 있다.

중학생과 고등학생이 수학을 좋아하는 이유로 꼽은 고득점 3가지 순위는 동일하다. 첫째는 '문제를 해결하고 나면 뿌듯해서'이고, 둘째는 '답이 명확해서'이고, 셋째는 '재미있어서'이다.

초·중·고등학생 모두 가장 좋아하는 이유로 선택한 것이 일치한다. 문제를 해결하고 나면 뿌듯해서이다. 선생님이 좋아서 수학을 좋아한다고 한 선생님 요인은 초등학생보다 중·고등학생이 더 높게 나타난다. 중·고등학교에는 수학을 가르치는 수학 선생님이 따로 있다. 또 초등학교 수학 내용은 학부모들이 많이 봐주기도 한다.

수학을 좋아하려면 학생들이 수학을 좋아하는 이유 중 하나를 우선 경험하고 느낄 수 있으면 된다. 수업 시간을 좋아하거나, 선생님을 좋아하거나, 재미를 느끼거나, 문제를 풀고 나서 뿌듯함을 느끼거나…. 그중에서 초·중·고등학생 모두 1위로 선택한 방법을 먼저 한번 해 보자. 문제를 풀고 나서 뿌듯함을 느끼는 방법이다.

문제를 풀고 뿌듯해지려면 문제의 선정이 중요하다. 학생 수준에 맞는 문제를 찾아서 풀어 보자. 하나씩 하나씩 성공 경험을 축적해 가자. 이런 경험들이 쌓여 아이 스스로 재미를 느낄 때까지 반복해 보자.

자기 수준보다 쉬운 문제를 푸는 걸 좋아하는 아이들도 있다. 그렇지만 그런 문제를 풀었을 때는 뿌듯함을 느끼기 쉽지 않다. 수준에 맞으면서 도전적인 문제를 선정하는 것이 필요하다. 아이의 성향에 따라 도전적인 문제의 수준을 선택한다. 굉장히 도전적인 문제를 선정해도 끈질기게 풀어내는 학생이 있는 반면, 적당한 정도로 도전적인 문제를 선정해 계속 성공 경험을 축적하는 방식이 더 잘 맞는 학생도 있다.

학생들이 어려워하는 수학 단원

✖ ✖ ✖

학생들은 수학 개념을 배울 때 다른 것을 배울 때보다 어려워하는 경향이 있다. 어려워하는 부분도 다르다. 어려운 것을 배울 때는 시간을 들여서 찬찬히 배우고, 확실히 알게 될 때까지 배우는 게 좋다. 예습을 하거나 복습을 할 때 시간을 더 할애하면 좋다.

다음은 특별히 어려움을 느끼는 학생 수가 많은 단원들이다.

초등학교는 곱셈과 나눗셈, 분수와 소수의 곱셈과 나눗셈, 분수와 소수, 약수와 배수 중 최대공약수와 최소공배수, 약분과 통분이다. 중학교는 중1 수와 연산, 함수, 중2 방정식과 부등식, 일차함수, 중3 제곱근과 실수, 인수분해이다. 고등학교는 집합과 명제, 다항식, 지수로그, 수열의 극한, 다항함수의 미적분이다.

학생들이 주로 어려움을 느끼는 단원

초등학생	중학생	고등학생
- 곱셈과 나눗셈 - 분수와 소수의 곱셈과 나눗셈 - 분수와 소수 - 약수와 배수 중 최대공약수와 최소공배수 - 약분과 통분	- 중1 수와 연산 / 함수 - 중2 방정식과 부등식 / 일차함수 - 중3 제곱근과 실수 / 인수분해	- 집합과 명제 - 다항식 - 지수로그 - 수열의 극한 - 다항함수의 미적분

· 출처: 한국과학창의재단(2015), 『수학학습 실태조사 및 개선방안 연구』

물론 이 단원에서만 어려움을 느낀다는 이야기는 아니다. 어려움을 느낀다고 한 학생 수가 상대적으로 많다는 것이다. 수월하게 이해하는 학생도 있고, 특별히 더 어려워하는 학생도 있다. 다만 많은 학생이 어려워하는 부분이라는 걸 이해하고, 아이에게 무엇이 도움이 될지 생각할 때 힌트가 된다.

이 부분의 개념이 그 전 개념에 비해 생소하거나 어려운 느낌이 든다. 어려운 개념을 명쾌하게 이해하고 문제를 풀고 나면 뿌듯함을 느낄 수 있다. 이게 수학의 묘미이다. 학생들이 수학을 좋아하는 첫 번째로 꼽은 이유이다.

등산할 때 깔딱고개를 넘는 방법은 체력에 따라 다르다. 수월하게 넘는 사람, 깔딱고개 전에 잠시 쉬었다 가는 사람, 깔딱고개 중반에 쉬어서 체력을 충전하는 사람 등. 방법은 다르다 하더라도 깔딱고개를 넘어 등산을 계속할 수 있으려면 기초 체력을 갖춰야 한다. 깔딱고개를 넘는다는 건 산 정상이 가까워 오고 있다는 뜻이다. 깔딱고개를 넘으면 산 정상에서 산 아래의 전망을 볼 수 있다.

학생들도 좀 더 어려운 개념, 이해하기 쉽지 않은 개념들을 만난다. 이 개념들을 어떤 방식으로 이해할지, 수학 공부의 기초 체력을 어떻게 키울지 자신에게 맞는 전략을 학생 스스로 세우도록 한다. 그 개념이 혼자만 어려운 것도 아니다. 알고 보면, 이해하고 나면 그때 또 어렵지 않다고 생각하게 된다. 알게 되면 이렇게 말한다.

"그거 쉬운 거야."

수학에 성취감을 느낄 때

✖ ✖ ✖

초등학생이 수학 공부에 대해서 성취감을 느낀 순간을 조사했다. 학생들이 성취감을 느낄 때가 언제인지 알고, 아이가 성취감을 느끼는 데 도움이 되는 방법을 생각해 봤으면 하고 소개한다.

수학 성적이 올랐을 때가 가장 높고, 부모님이 기뻐하셨을 때가 그 다음으로 높다. 부모님의 기대에 부응하기 위해 아이들이 노력하고 있다는 걸 알 수 있다.

그 밖에 초등학생이 성취감을 느낀 순간은 못 풀었던 문제를 풀었을 때, 친구들보다 좋은 성적을 받았을 때, 내 스스로 자신감이 생겼을 때, 누군가에게 칭찬을 받았을 때, 문제 풀이 속도가 빨라졌을 때, 모르는 친구에게 알려 줄 수 있을 때, 수학 관련 대회에서 상을 받았을 때, 다른 과목보다 성적이 잘 나왔을 때, 내가 배운 내용을 실생활에 활용했을 때, 문제집 한 권을 다 풀었을 때, 좋아하는 단원을 잘했을 때, 수학 체험 활동에서 성공적인 작품을 만들었을 때 등이다.

성적이 올랐을 때 말고 초등학생들이 성취감을 느끼는 경우에 주목할 필요가 있다. 부모님이 기뻐하셨을 때, 누군가에게 칭찬을 받았을 때, 모르는 친구에게 알려 줄 수 있을 때는 다른 사람들과 관계가 있다. 내가 뭔가 할 수 있고, 내가 한 것에 대한 성취를 다른 사람을 통해서 알아내는 순간이다.

내 스스로 자신감이 생겼을 때, 내가 배운 내용을 실생활에 활용했을 때, 수학 체험 활동에서 성공적인 작품을 만들었을 때는 21세기 미래역량과 직결되어 있어서 아이가 기회를 많이 가질 수 있도록 격려해 주면 좋다.

중학생이 성취감을 느끼는 순간은 초등학생과 약간의 차이가 있다. 성적이 올랐을 때가 제일 높은 것은 똑같다. 중학생은 못 풀었던 문제를 풀었을 때가 부모님이 기뻐하셨을 때보다 더 높다. 내 스스로 자신감이 생겼을 때, 누군가에게 설명할 수 있을 때가 친구들보다 좋은 성적을 받았을 때보다 높다.

수학에 대한 성취감을 느꼈던 순간

초등학생		중학생	
수학 성적이 올랐을 때	22.2%	수학 성적이 올랐을 때	23.4%
부모님이 기뻐하셨을 때	15.0%	못 풀었던 문제를 풀었을 때	18.2%
못 풀었던 문제를 풀었을 때	14.4%	부모님이 기뻐하셨을 때	11.5%
친구들보다 좋은 성적을 받았을 때	7.6%	내 스스로 자신감이 생겼을 때	7.5%
내 스스로 자신감이 생겼을 때	6.6%	모르는 친구에게 알려 줄 수 있을 때	7.2%
누군가에게 칭찬을 받았을 때	6.5%	친구들보다 좋은 성적을 받았을 때	6.7%
문제풀이 속도가 빨라졌을 때	5.9%	누군가에게 칭찬을 받았을 때	6.2%
모르는 친구에게 알려 줄 수 있을 때	4.8%	문제 풀이 속도가 빨라졌을 때	5.8%
수학 관련 대회에서 상을 받았을 때	3.5%	다른 과목보다 성적이 잘 나왔을 때	3.5%
다른 과목보다 성적이 잘 나왔을 때	3.4%	문제집 한 권을 다 풀었을 때	3.2%
내가 배운 내용을 실생활에 활용했을 때	3.3%	좋아하는 단원을 잘했을 때	3.1%
문제집 한 권을 다 풀었을 때	3.2%	내가 배운 내용을 실생활에 활용했을 때	2.0%
좋아하는 단원을 잘했을 때	2.9%	수학 관련 대회에서 상을 받았을 때	1.3%
수학 체험 활동에서 성공적인 작품을 만들었을 때	0.8%	수학 체험 활동에서 성공적인 작품을 만들었을 때	0.3%

고등학생

수학 성적이 올랐을 때	24.4%
못 풀었던 문제를 풀었을 때	21.5%
내 스스로 자신감이 생겼을 때	9.9%
모르는 친구에게 알려 줄 수 있을 때	9.4%
부모님이 기뻐하셨을 때	7.3%
친구들보다 좋은 성적을 받았을 때	6.3%
누군가에게 칭찬을 받았을 때	4.2%
문제 풀이 속도가 빨라졌을 때	4.2%
문제집 한 권을 다 풀었을 때	3.5%
다른 과목보다 성적이 잘 나왔을 때	3.5%
좋아하는 단원을 잘했을 때	2.4%
수학 관련 대회에서 상을 받았을 때	1.2%
내가 배운 내용을 실생활에 활용했을 때	1.2%
수학 체험 활동에서 성공적인 작품을 만들었을 때	0.2%

· 출처: 한국과학창의재단(2015). 『수학학습 실태 조사 및 개선방안 연구』

탐구를 통해
자기주도 학습을 배우다

연이는 학생들이 수학 공부에서 주로 하는 선행 학습을 하지 않았다. 연이는 평소에 도형이나 함수가 약했다. 시험 성적이 나쁘게 나오자 오히려 공부를 덜 하게 되었다. 그런데 학생과학탐구토론대회 참가 준비를 하면서 수학이 실생활에 적용되는 걸 눈으로 직접 보게 되었다. 그 과정에서 수학에 대한 생각이 바뀌었고, 연이는 자기주도적으로 공부하는 방법을 스스로 찾았다.

연이의 사례
탐구를 통해 수학에 대한 생각이 바뀌다

✘ ✘ ✘

연이는 수학의 특정한 부분이 약했다. 그런데 학생과학탐구토론대회를 준비하던 중에 자신이 평소에 약한 부분을 응용해서 사용하고 있다는 것을 발견하게 되었다. 이후 연이는 자신감이 상승했고, 자기주도적으로 공부하는 학생으로 바뀌었다.

연이는 평소에 도형과 그래프가 이해되지 않았다. 계산 문제는 어느 정도 풀었는데 도형과 그래프를 잘 이해하지 못했다. 쌓기나무 개수 구하기, 전개도, 함수의 그래프 같은 게 모두 어려웠다. 도형 여러 개가 겹쳐진 그림을 보면 전체적으로 하나의 도형으로 보이고 세부 도형이 각각 분리되지 않았다.

시험에 나온 함수 문제도 풀 수 없었다. 분명히 연습 문제로 풀어 본 것이었는데 시험 시간에는 생각이 나지 않았다. 시간도 늘 부족했다. 연이는 이 문제를 해결하기 위해 여러 방법을 시도해 보았다. 음악을 틀어 놓고 공부하기도 하고, 알람을 맞춰 놓고 공부하기도 해 봤다. 그럼에도 불구하고 효과 있는 방법을 찾지는 못했다.

연이는 수학 문제를 풀 때 답이 빨리 안 나오면 짜증이 났다. 공부를 하지 않을 핑계를 찾고, 성적이 안 나오면 자기합리화를 위한 이유를 찾곤 했다. 근본적인 이유는 수학의 기초 개념이 이해되지 않았기 때문이다. 부모님과 선생님도 연이가 수학을 못하는 이유가

185

기초 개념을 확실히 이해하지 못해서라는 걸 알아서 개념을 확실히 하라고 했지만 연이는 이해도 안되고 공감도 안되었다.

그러던 연이에게 수학을 다르게 보게 된 계기가 생겼다. 연이는 4월 과학의 달에 학생과학탐구토론대회에 출전했다. 주제를 장애인 복지와 관련한 것으로 잡고, 정보기술 IT와 장애인 시설을 연결하려고 했다. 연이는 시각장애인이 횡단보도를 안전하게 건너는 것을 도와주는 연구를 시작했다. 시각장애인에게 정확한 길 안내를 하기 위해서는 방향과 거리를 정확하게 안내하는 게 필요하다고 생각했다.

연이는 30초 전의 위치와 현재의 위치를 비교해 어느 방향으로 가고 있는지 알려 주려고 했다. 연이는 그래프를 그리고 선생님에게 설명하기 전까지는 피타고라스 정리를 이용했다는 걸 몰랐다. 평소에는 도형이 잘 이해되지 않았는데도 피타고라스 정리를 자신도 모르는 사이에 사용한 것이다. 이런 경험은 문제집을 풀이하는 것만으로는 찾아내기 쉽지 않다. 연이는 어렴풋이 들어 본 공식을 스스로 적용했다는 사실이 놀랍고 뿌듯했다.

연이는 처음에 수학이 좋은 점수를 맞아서 좋은 대학에 가는 데만 사용된다고 생각했는데 학생과학탐구토론대회에 나가면서 많은 걸 알게 되었다. 먼저 수학에 대한 생각이 바뀌었다. 수학이 어디에 사용되는지, 개념이 얼마나 중요한지, 수학을 스스로 공부하는 법을 알게 되었다. 그 전에는 모르는 게 있으면 선생님이나 누구에게 바로바로 물어봤는데 이제는 연구나 탐구를 통해 자기주도적으로 깊은 수학 학습으로 나아갔다.

연이처럼 자신도 모르게 스스로 자신의 잠재력을 발견하고 나면 자신감을 가지게 되고, 자기주도성이 생긴다. 아이들이 선뜻 탐구할 기회에 다가갈 수 있도록 격려해 주자. 해 보기 전까지는 자신이 무엇을 해 냈는지 모른다.

공학 도구를 활용하여
문제를 해결하다

코로나 19 이후로 원격 수업이 활성화되었다. 원격 수업을 하면서 다양한 시스템을 이용하게 되었다. 수학 수업 방법이 바뀌고 있다. 수학 수업 시간에도 컴퓨터를 사용한다. 계산기도 사용하고, 앱도 사용한다.

통그라미나 알지오매스도 많이 쓴다. 통그라미는 통계청에서 개발한 교육용 통계 소프트웨어이다. 알지오매스는 한국과학창의재단이 교육부와 17개 시도교육청과 함께 개발한 도형용 학습 소프트웨어이다. 무료 소프트웨어이므로 누구나 무료로 접근할 수 있다.

공학 도구의 사전적 의미는 '조건들의 생성과 문서화를 지원하는 도구'이다. 공학 도구로는 계산기, 앱, 소프트웨어 등이 있다. 소프트웨어를 쓰면 아이들이 수학적 개념과 원리를 직관적으로 이해하는 데 도움이 된다.

공학 도구는 특히 작도나 기하 수업에 많이 쓰인다. 아이들이 수학을 쉽게, 친숙하게 이해하는 데 도움이 된다. 온라인에서 소통할 수도 있다. 서로 협력이 가능하다. 공학 도구가 수업에 들어와서 교사가 가르치는 방법이나 학생들이 하는 활동이 변하고 있다.

도구가 달라지면 상상력이 달라진다

✖ ✖ ✖

과거에는 도형을 그릴 때 종이와 컴퍼스, 모눈종이를 사용했다. 이제는 소프트웨어를 사용해서 접근한다. 그래프도 공학 도구가 그려

알지오매스 누리집

· 출처: algeomath.kr/main.do

준다. 수식을 쓰면 바로바로 그려 준다. 수식을 그래프로 전환하는 공학 도구를 사용하는 아이들의 문제해결 방법은 다르다. 도구가 달라지면 상상력이 달라진다.

지금은 알지오매스를 사용하면 다양한 도형을 그릴 수 있다. 정삼각형, 정사각형, 정오각형, 정육각형뿐만 아니라 정n각형을 그릴 수 있다. 손으로 그리는 것보다 훨씬 많은 도형을 쉽게 그릴 수 있어서 사고력이 확장된다.

선분을 그리고 90도 좌회전하고 이걸 4번 반복하면 정사각형이 된다. 정오각형을 그리려면 어떻게 하면 될까? 선분을 그리고 72도 좌회전한다. 이걸 다섯 번 반복하면 정오각형이 된다. 선분을 그리고 60도 좌회전한다. 이걸 여섯 번 반복하면 정육각형이 된다. 정팔각형, 정구각형 등 계속 그릴 수 있다. 손으로 그릴 때는 3개 정도 그린다. 정삼각형, 정사각형, 정육각형이다. 컴퓨터로 그릴 때는 굉장히 많은 정n각형을 그릴 수 있다.

도형을 몇 개 더 그리면 뭐가 달라질까? 정해진 딱 그 도형만이 아니라 다른 도형까지 탐구할 수 있다. 도형을 더 많이 그려서 가지고 놀다 보면 아이들이 도형을 탐구할 수 있다. 사고가 확장되고 수학에 대한 생각이 바뀐다.

알지오매스를 경험한 학생들의 말을 들어 보자.

학생 1: "수학을 왜 배우는지에 대한 답을 알게 되었어요."

학생 2: "개념을 가지고 문제를 해결해 나가는 게 수학이라고 생각해요. 그러기 위해서 가장 중요한 게 개념을 머릿속에 확립하는 건데, 알지오매스가 큰 도움이 된다고 생각해요."

학생 3: "제가 계산한 함수식을 대입했을 때 정확하게 떨어지는 걸 보고 신기했어요. 수학에서 자신감을 얻을 수 있어요."

학생 4: "저는 수학을 잘 못하는 편인데, 알지오매스는 문제를 보고 그래프를 그려야겠다는 생각을 잘 못하는 친구들한테 도움을 줘요. 함수식을 넣으면 그래프가 그려지니까 문제 푸는 방향을 잡는 데 도움이 되었어요."

학생들은 공학 도구를 사용할 때 성취감과 희열을 느낀다. 알지오매스는 컴퓨터 소프트웨어로 그래프를 그린다. 손으로 그리는 것보다 훨씬 정확하다. 계산으로 수식을 열심히 푼 것과 컴퓨터로 그린 그래프가 정확히 일치하는 걸 확인했을 때 학생들은 성취감을 느낀다. 수학 계산에서 정답을 맞혔을 때와는 또 다른 종류의 희열을 느낄 수 있다. 이 때문에 학생들이 성취감을 얻고 자신감을 가지게 된다.

알지오매스 수업은 전통적 수학 수업과 다르다. 전통적 수학 수업에서는 포물선의 방정식과 특징을 배운다. 이차함수를 선생님이 칠판에서 그림으로 그린다. 알지오매스는 이차함수의 수식을 주면 컴퓨터가 바로 그래프를 그려 준다.

실제 세계의 공 궤적 포물선의 방정식을 소프트웨어로 구현할 수 있다. 학생 2명이 마주 보고 서서 교실에서 공을 던지고 받는다. 공의 이동 경로가 포물선이다. 이 장면을 사진으로 찍는다. 도형을 그리지 않고 사진을 찍어 올린 다음, 포물선의 식을 알아낼 수 있다. 알지오매스에서 이 포물선과 가장 비슷한 수식을 찾아내는 활동이 가능하다.

학생들이 시험 문제를 풀기 위해 수학을 배우는 게 아니라 수학이 실제로 쓰인다는 걸 알게 된다. 이차방정식을 배우고 포물선의 특징을 배우는 게 실제 생활에 쓰인다는 걸 배운다. 학생들은 공학 도구에 재미를 느낀다. 공학 도구를 조작하는 활동을 하면서 수학 개념을 배운다.

포물선에서 접선과 선대칭인 선을 구하는 내용은 학생들이 수학으로 계산할 수 있다. 열심히 계산한 접선과 선대칭인 선의 방정식을 입력했을 때, 그래프에서 실제로 딱 맞아떨어질 때, 포물선에서 입사각과 반사각이 같은 걸 확인했을 때 성취감을 느낀다.

공학 도구를 사용하면 학생들이 계산하고 있는 거리가 실제로 어떤 거리를 그래프에서 계산하고 있는지 직접 알 수 있다. 학생들이 각자 문제 푼 것을 발표하는 과정에서 서로 다른 사고를 하고 있었다는 걸 알게 된다. 발표를 통해 다른 방식도 있다는 것을 서로 나누면서 더 높은 사고 수준으로 사고력이 증진되고 깊이 있게 배울 수 있다.

학생들은 머리로만 생각했던 것을 알지오매스를 이용해서 그래프로 구현한다. 열심히 계산한 결과가 내가 입력했을 때 같은 걸 확인하면 성취감을 느낀다.

공학 도구를 사용하면 같은 조건에서 다양한 방법으로 푼다. 공학 도구를 사용하면서 궁리하게 된다. 접선의 방정식과 준선의 방정식을 구하는 걸 학생들에게 풀어 보라고 하면 서로 다른 방식으로 풀고 설명한다.

접선의 방정식과 반사된 직선의 방정식 구하는 방법을 3명의 학생이 서로 다른 방법으로 설명했다. 한 학생은 블록코딩을 이용해서 문제를 해결했고, 또 다른 학생은 입사각과 반사각이 같다는 성질을 이용했다.

선생님들은 학생들이 수학을 배워서 어디에 쓰느냐는 질문에 알지오매스가 답하기 좋은 도구라고 한다. 수학 능력이 좀 떨어지는 경우에도 태블릿PC나 노트북을 사용하면 학생들은 눈이 반짝반짝해서 수업에 참여한다. 알지오매스를 한 번 클릭하면 최소한 몇 가지는 집중하고 얻어 간다. 수학을 잘하는 아이들은 그동안 손으로 풀던 것을 실제로 구현해 보면서 탐구 활동이 가능하다.

알지오매스는 분석과 시각화가 가능하다. 생각하는 힘을 기르는 수학 수업이 가능하다. 학생들은 블록코딩을 해서 구체적으로 보기 전까지는 빛이 어떻게 움직이고 운동하는지에 관심이 없다. 그런데 다른 학생들의 발표를 통해서 서로 다른 풀이 방식이 있다는 걸 체험하게 된다.

　문제를 누가 빨리 푸는지를 겨루는 것이 아니다. 공학 도구를 이용하면 더 깊은 생각, 서로 다른 생각을 할 수 있다. 학교의 수업 방식과 학생들의 활동이 바뀌고 있다. 부모들이 배웠던 과거의 사고에서 벗어나야 할 때이다.

　아이들은 수학 공부를 하면서 문제해결 방식을 배운다. 미래에 아이들이 마주칠 복잡하고 낯선 문제에 접근하는 새로운 방식, 문제를 마주쳤을 때 문제를 다루는 방식을 새롭게 터득한다.

알지오매스를 활용하여 도형을 그리다

✖ ✖ ✖

알지오매스는 아이들이 기하를 쉽게 배울 수 있는 소프트웨어이다. 알지오매스를 사용하면 도형의 성질을 탐구하기 쉽다. 작도를 하고 모양을 바꿔 가면서 변하는 것과 변하지 않는 것을 확인할 수 있다. 변하는 것과 변하지 않는 것을 찾아내는 것이 탐구의 시작이다.

　알지오매스에서 알지오 도구는 대수 및 기하 학습을 돕는 수학 도구이다. 아이들이 창의적인 수학 실습을 할 때 쓸 수 있다. 알지오 2D는 도형을 쉽게 작도한다. 함수의 그래프를 탐구하고, 블록코딩으로 문제를 해결할 수 있다.

　알지오 2D를 누르면 도형 메뉴들이 뜬다. 도형 메뉴를 클릭해서

알지오 도구 소개

· 출처: algeomath.kr/intro/tool.do

도형을 그릴 수 있다. 도형 그리기와 편집, 좌표 공간 설정, 대수와 도형 연동, 도형 꾸미기가 가능하다.

알지오매스에서는 소통과 사고력에 기반을 둔 수학적 실험 탐구가 가능하다. 두 선분이 평행한지 아닌지 알지오매스를 사용하면 쉽게 확인할 수 있다. 방법은 간단하다. 알지오매스에서 우선 선분을 옮기고 나서 직선으로 확장한다. 평행인 선분을 확장한 직선은 만나지 않는다. 평행이 아닌 선분은 직선으로 확장하면 만난다. 평행한 두 직선은 만나지 않고, 평행인 두 직선은 만난다는 걸 개념적으로 설명하는 게 아니라 점을 찍고 확장해 보면 바로 알 수 있다. 평행한 두 직선이 만나지 않는다는 걸 그래프로 확인할 수 있다.

새나 꽃, 물고기 등을 그리고, 이것을 알지오매스에서 유리함수,

무리함수를 이용해서 구현해 볼 수 있다. 학생들은 함수를 수식으로만 풀다가 이 수업을 통해 함수가 여러 가지 모양을 만든다는 걸 알게 된다. 함수의 계수를 바꿔 가면서 함수의 모양을 찾아가는 활동을 하면 함수에 대해 친숙하게 느낄 수 있고, 다양한 생각을 할 수 있게 된다.

함수의 계수를 바꿨을 때 함수의 모양이 어떻게 바뀌는지를 바로바로 확인할 수도 있다. 계수가 어떤 역할을 하는지 직관적으로 이해하는 데 도움이 된다. 무엇보다도 문제를 어렵게 푸는 데만 함수가 쓰이는 게 아니라 컴퓨터 소프트웨어를 사용하면 여러 모양을 구현할 수 있다는 것을 체험하게 된다.

삼각형에서 세 변의 수직이등분선이 한 점에서 만난다. 이 점이 외심이다. 외심은 삼각형 외접원의 중심이다. 삼각형의 외심은 종이를 접거나 삼각형을 그려서 확인할 수 있다. 이때에는 주어진 삼각형에 대해서만 잘 이해할 수 있다. 공학 도구를 활용하면 다른 모양의 삼각형에 대해서도 외심을 찾을 수 있다. 공학 도구는 삼각형의 모양을 쉽게 바꿔서 외심을 찾아보고 탐구하기가 쉽다.

한 번 작도를 하고 나서 삼각형의 모양을 자유롭게 바꿀 수 있는 게 공학 도구의 큰 장점이다. 자유롭게 바꾸면서 변하는 것과 변하지 않는 것을 확인할 수 있다. 삼각형의 꼭짓점을 이리저리 옮겨도 삼각형의 수직 이등분선이 한 점에서 만나는 것을 볼 수 있다.

삼각형의 모양을 마음대로 바꿀 수 있다. 꼭짓점을 이리저리 움직이기만 하면 된다. 삼각형의 꼭짓점을 움직여 보면 외심이 삼각형 안에 생길 수도 있고, 밖에 생길 수도 있다는 걸 알 수 있다. 삼각형 의 안에 외심이 생길 때와 삼각형의 밖에 외심이 생길 때 삼각형의 모양을 눈으로 확인할 수 있다.

알지오매스를 활용해서 삼각형 작도하기, 선분의 길이가 주어졌을 때 이 선분과 길이가 같은 선분 작도하기, 각의 크기가 주어졌을 때 주어진 각과 같은 각을 가진 도형 작도하기 등 여러 가지 삼각형과 도형을 작도할 수 있다. 작도를 하면서 삼각형과 도형의 성질을 탐구할 수 있다.

이를 발전시켜서 아이들 좋아하는 캐릭터 디자인이나 새로운 모양 등을 다양하게 디자인해 볼 수 있다. 아이들이 좋아하는 캐릭터를 함수로 표현할 수도 있다.

통계 소프트웨어로 수학과 친해지다

✖ ✖ ✖

알지오매스와 통계 소프트웨어로 학생들은 수학 공부에 새롭게 접근할 수 있다. 일상생활에 사용되는 여러 통계 자료를 시각화하고, 수식과 그래프를 자유자재로 변환하는 등 소프트웨어를 사용해서 수학에 대한 다양한 탐구가 가능하다.

간호사 나이팅게일은 통계학자이기도 하다. 나이팅게일이 병사들을 많이 구했다고 하면 당연히 치료를 잘해 구했을 것이라고 생각한다. 나이팅게일이 군 간호사로 전쟁에 참여했을 당시에는 총에 맞아 죽는 병사보다 감염병으로 사망한 병사가 더 많았다.

나이팅게일은 위생 문제를 해결하는 지원을 받아내기 위해 통계를 이용했다. 그 시절에 행정가들을 설득하기 위해 통계 자료를 시각화했다.

아래 그림은 나이팅게일이 실제로 그린 그래프이다. 나이팅게일이 표현한 것은 월별 사망자 수이다. 부채꼴 하나가 1개월이다. 그래프에서 부상에 의한 사망자는 연빨강, 감염병에 의한 사망자수는 진빨강, 기타 다른 원인에 의한 사망자는 회색으로 나타냈다. 어느

나이팅게일의 장미 그림

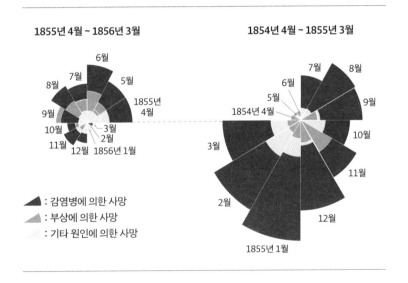

4장 _ 미래역량을 기르는 수학 공부 방법

달이든 상관없이 진빨강이 넓고 크다. 감염병에 의한 사망자가 많다는 걸 나타낸다. 부상병이 병동에서 사망하는 데 가장 큰 원인이 감염병이라는 것이다.

나이팅게일은 감염병에 의한 사망자 수를 줄이고자 병동 위생 정비를 하는 데 필요한 재정을 끌어오기 위해 이 통계와 그래프를 사용했다. 예산을 확보하기 위해 행정적인 설득을 하는 데 데이터를 시각화한 그래프를 사용한 것이다.

협력적 의사소통의 시작:
나에게 설명하기

지니네 선생님은 친구들에게 서로 설명하고 가르치는 수업을 진행했다. 학생들은 다른 사람에게 설명을 해 주면 뿌듯함을 느낀다. 친구가 모르는 것을 알려 줄 수 있을 때 성취감을 느낀다.

지니는 짝이 수학을 설명해 줄 때 자기도 남에게 설명해 주는 실력이면 좋겠다는 생각을 했다. 친구들에게 질문을 받을 수 있도록 실력을 쌓고 싶었다.

지니는 혼자서 소리 내어 설명을 하면서 다른 사람들에게 설명을 할 때 얻을 수 있는 효과를 알게 되었다. 친구에게 수학 개념을 어떻게 설명할지 고민하면서 풀다 보니 혼자서 풀 때보다 문제를 좀 더 정교하게 연구하게 되었다.

지니의 사례
나에게 설명하기로 공부하면 기억이 오래간다

✖ ✖ ✖

지니는 수학을 포기하고 싶은 생각이 들었지만, '수학을 포기하는 건 인생을 포기하는 것'이라는 수학 선생님의 말씀에 마음을 다잡았다. 지니는 문제를 풀 때 하나를 풀면 채점하고 다음 문제로 넘어갔다. 그런데 문제를 해결하고 넘어가도 문제 풀이 방법이 기억나지 않는 경우가 많았다. 지니는 여러 번 풀어서 이런 상황을 해결해 보려고 했다. 그러다 보니 어떤 문제는 네 번 이상 풀기도 했다.

지니가 찾은 다른 방법은 설명하기였다. 다른 사람에게 풀이를 설명해 주는 방식으로 혼자서 설명하면서 문제를 풀었다. 나에게 하는 설명은 의외로 효과가 있었다. 지니는 설명하기로 공부하면 기억이 오래간다는 걸 알게 되었다.

수학 선생님의 수업 방식도 친구에게 설명하기였다. 교과서에 나온 문제를 친구들이 나와 칠판에 쓰면서 설명하는 방식이었다. 선생님이 설명하지 않고 문제를 푼 친구가 설명했다. 지니는 친구의 설명 덕분에 수학에 흥미를 느낄 수 있었다.

선생님의 설명보다 친구의 설명에 더 집중이 잘되고, 친구의 이야기는 귀에 쏙쏙 들어와서 기억에 오래 남았다. 지금도 지니는 수학 선생님의 수업 방식이 몹시 감사하다. 수학을 포기하지 않고, 관심을 가질 수 있게 되어서이다.

지니는 수학을 어떻게 해야 할지 막막했다. 하나부터 열까지 차근차근 친구와 선생님의 도움을 받았다. 수업 시간에는 짝의 도움을 많이 받았다. 모르는 문제를 물어볼 때마다 짝은 친절하고 자세하게 알려 줬다. 싫은 내색도 하지 않고 항상 잘 도와주었다.

이제는 지니도 문제를 바로바로 풀고 남에게 설명하고 가르쳐 줄 수 있어서 무척 좋다. 남에게 설명해 주면 기분이 좋아지고 뿌듯하다. 복습도 되고 배우는 기회가 되는 건 덤이다.

금방 배운 학생들이 설명을 더 잘한다. 무엇을 어떻게 배웠는지 생생하게 설명한다. 전 단계의 개념에서 무엇을 습득하면 지금 개념을 이해하는 데 도움이 되는지 잘 알기 때문이다. 자기가 깨달은 방식으로 설명하기 때문에 친구들이 개념을 이해하는 데 크게 도움이 된다.

가르쳐 주면 더 깊이 알게 되고, 친구들에게도 도움이 된다. 설명을 여러 번 하면 설명 능력도 높아진다. 어떻게 설명해야 친구들이 더 잘 이해하는지 깨닫게 되고 발표도 적극적으로 하게 된다.

중·고등학교 때 친구들이 모르는 문제가 있으면 내게 많이 물어봤다. 설명을 해 주다 보면 어떤 단계에서 친구들이 헷갈려하는지,

어떤 개념을 어려워하는지 알 수 있었다. 어떤 질문은 나도 스쳐 지나가고 자세히 고민해 보지 않은 것도 있었다. 친구들이 모르는 부분이 제각각이었기 때문에 모든 부분을 찬찬히 설명하게 되었다.

질문을 받고 설명해 주다 보면 하나의 개념을 다양한 각도로 볼 수 있게 되어 개념 이해가 깊어진다. 많이 나오는 질문들이 취합되면서 질문을 많이 받은 학생은 점점 더 공부를 잘하게 된다.

교실 앞에 나가서 발표를 하면 소극적이던 친구들도 적극적으로 바뀐다. 성적이 오르는 것도 중요하지만 친구들과 함께 협업하고 적극적으로 참여함으로써 자신감도 생기고 학교생활도 잘할 수 있게 된다.

수학 공부에 자신감이 없던 지니가 찾은 첫 번째 방법 '여러 번 문제 풀기'는 살만 칸의 칸 아카데미 수학 방법과 비슷하다. 비슷한 문제를 10개 풀어서 다 맞히면 아는 것이다. 여러 번 풀기는 개념과 방법을 확실히 익히는 한 가지 방법이다.

지니는 두 번째 방법 '나에게 설명하기'로 공부하며 친구에게도 잘 설명해 줄 수 있고, 발표도 잘하게 되었다. 수학 성적도 올랐을 뿐만 아니라 학교생활도 자신감을 가지고 잘하게 되었다.

협력적 의사소통은 21세기 역량이다. 수학 문제를 친구와 함께 풀고 친구에게 설명하기는 수학적 역량도 높이고 의사소통 역량도 높이는 좋은 공부 방법이다. 지니는 스스로 좋은 공부 방법을 찾아냈을 뿐만 아니라 미래역량을 기르는 방법도 터득했다.

생각하는 힘을 찾아가는
수학 공부 방법, 학습의 성찰

초등학교부터 고1 초반까지 수학 성적이 좋았다가 갑자기 성적이 떨어지고 그 후에 다시 회복한 학생의 이야기이다. 학습 방법에 따라 초·중등까지는 통할 수 있다. 그런데 수학 내용이 깊어지면 더 이상 통하지 않는 순간이 온다. 간단한 기본 문제는 풀 수 있는데 심화 문제는 해결이 안된다.

정이는 지금 수학을 잘하고 좋아하는 아이로 통한다. 그런데 계속 수학을 잘한 것은 아니었다. 수학 수업이 싫고 두려운 생각이 들 때가 있었다. 중학교 때는 가장 좋아하는 과목이 수학일 정도로 수학을 잘했지만 고등학교 1학년 때 수학을 못하는 아이라는 걸 깨달은 후부터 정이는 수학의 어려움을 극복하려고 노력했다.

　정이는 성적이 떨어졌을 때 자책하며 힘들어하는 시간을 보냈다. 하지만 공부 방법을 계속 바꿔 가면서 상황을 극복했다. 정이가 수학 슬럼프를 어떻게 극복하고 생각하는 힘을 찾아갔는지 알아보자.

정이의 사례
학습의 성찰로 수학 슬럼프를 극복하다

✖ ✖ ✖

정이는 고등학교 때 갑자기 성적이 떨어지는 일을 겪자 어려운 문제가 나오면 두려웠다. 문제를 잡고 끙끙대며 해결하기보다는 포기하는 쪽을 선택했다. 성적이 떨어지니까 부정적인 생각이 자꾸 들었다. 자신을 의심하게 되었다.

　정이는 어렸을 때부터 수학을 좋아했다. 다른 친구들이 피아노를 치거나 태권도를 할 때도 수학 문제를 풀며 놀았다. 중학교 때는 다른 과목보다 수학 과목을 더 좋아했다. 고등학교 1학년 초까지는 성적이 좋았다. 그런데 고등학교 수준별 수업을 할 때 상반에서 중반으로 떨어졌다. 기본 문제 정도만 풀 수 있었다. 어려운 문제가 나오면 도전하기보다 두려웠고, 그런 문제는 포기하게 되었다.

　가장 좋아하던 과목에서 성적이 떨어지니까 자신감도 떨어졌다. 의욕도 떨어져 공부를 덜 하게 되었다. '열심히 해야지.'라는 생각보다 '나는 안될 거야.'라는 생각이 자꾸 들었다. 공부뿐만 아니라 삶에 대한 의욕도 떨어졌을 때 엄마의 하신 말씀이 위로가 되었다.

"공부가 인생의 전부는 아니야. 다른 걸로도 정이 때문에 행복한 사람이 많을 거야."

학습의 성찰은 21세기 역량이다

엄마의 위로로 힘을 얻은 정이는 자책을 멈추고 성적이 떨어진 근본적인 원인을 파악해 보았다. 공부한 문제집과 스터디 플래너를 자세히 살펴보고 자신의 공부 스타일을 객관적으로 바라보았다. 그동안은 스터디 플래너에 기록만 했는데 그제야 공부 패턴이 보였다. 계획했던 것과 결과를 비교해 보니 자신이 실제로 공부한 양이 적었다는 것을 알 수 있었다.

스터디 플래너에는 완수하지 못한 공부 계획이 많았다. 사기만 하고 풀지 않은 문제집도 많았다. 계획을 세우고 실천하지 못한 패턴은 다음과 같았다.

정이는 계획 단계에서 1주일에 한 단원을 풀기로 했다. 평일에 풀기로 한 것을 평일에 다 못해서 밀렸다. 이것을 주말에 몰아서 풀었는데 주말에 다 풀기에는 양이 너무 많았다. 결국 계획대로 완수하지 못하고 계속 뒤로 밀렸다.

학습의 성찰은 21세기 역량이다. 내가 어떻게 공부하는 사람인지, 내가 어떻게 작업하는 사람인지 아는 것은 문제해결을 할 때 대단히 중요하다. 폴 베이커 교수는 "자신의 공부 방법, 자신의 작업 방식을 알아야 최고 수준으로 성장할 수 있다."고 했다. 학습의 성찰이 왜 중요한지 잘 드러나는 말이다.

『최고의 공부』에 베이커 교수의 연극과 강의인 '능력의 통합'에 대한 내용이 나온다. 성공한 사람들, 인생을 잘 꾸린 사람들은 최고의 통합형 인물이다. 이들은 모두 자신의 작업 방식을 잘 알았다.

"이 수업은 여러분의 창의력을 발견하기 위한 것입니다. 여러분은 자신을 잘 이해하고, 자신의 작업 방식을 잘 알아야 합니다. 여러분이 이 강의실에 가져와야 할 것은 여러분 자신과 참여 의지입니다. 이 수업은 전적으로 거기에 달려 있어요. 어떤 사람들은 성장이란 기억력을 높이는 것이 전부라고 생각합니다. 또 어떤 사람들은 기계 장치의 작동 원리를 배우는 거라고 생각해요. 이런 유형의 성장은 새로운 방식을 개발하는 것이 아니라 옛 방식을 완벽하게 숙련하는 것이 목적입니다."

창의력을 발견하려면 자신을 이해하고, 자신의 작업 방식을 잘 알아야 한다는 게 베이커 교수의 주장이다. 나의 사고 체계와 작업 방식 위에서 새로운 작업이 만들어진다.

수업에 가져와야 할 것은 자기 자신과 수업 참여 의지이다. 수업에 적극적으로 참여할 의지가 있으면 베이커 교수의 안내에 따라 스스로를 발견하고, 새로운 걸 창작해 내는 경험을 할 수 있다.

베이커 교수는 새로운 방식의 개발과 숙련을 구분한다. 기억력과 기계장치의 작동 원리를 배우는 것은 숙련이다. 창의력은 새로운 방식의 개발이다.

베이커 교수는 학생들이 독창적인 창작 활동을 하며 최고 수준으로 성장하도록 이끌었다. 학생들은 베이커 교수의 믿음과 스스로에 대한 믿음 위에서 성장했다. 학생들은 자기 자신을 더 잘 이해하게 되었다. 자신만의 독특한 자질과 경험의 가치를 깨달았다. 가장 중요한 점은 스스로에게 동기부여하는 방법을 찾은 것이었다.

베이커 교수는 모든 학생이 세상에서 유일무이한 존재이고, 각자 자신만의 철학, 자신만의 관점, 독특한 환경과 맥락을 가지고 있다고 믿는다. 모든 학생이 매우 독창적인 관점에서 창작 활동을 할 수 있다고 인식한다.

자녀가 최고 수준으로 성장하도록 안내하려면 베이커 교수의 방법에서 힌트를 얻자. 자신의 작업 방식과 공부 방법, 뭔가 만들어 내는 방법을 이해하면 새로운 것에 도전할 수 있다. 스스로를 알게 되면 새롭게 창조하고 성장하는 법을 배울 수 있다. 학생들의 독창성과 개성은 뭔가 새롭게 만들어 낼 때 드러난다.

일일 계획부터 스터디 그룹을 만들고 공부 계획을 공유하다

정이는 공부해야 할 것이 자꾸 뒤로 밀리는 문제를 해결하기 위해 공부 계획 짜는 방법을 바꿔 보았다. 처음에는 계획을 유동성 있게 짰다. 매일 공부 계획을 수립했다. 공부 계획을 매일매일 세우면 그때그때 맞춰서 계획을 세울 수 있는 장점이 있다. 그런데 그렇게 해도 완수하지 못하고 밀리는 경우가 많았다.

그 다음에는 혼자 해서 못 지키는 것인가 싶어서 친구와 스터디 그룹을 만들어 계획을 세웠다. 매주 일요일 밤에 계획을 세우고 계획표를 서로 공유했다. 토요일에 계획대로 잘했는지 점검했다. 혼자만의 약속이 아니고 친구와의 약속이니까 지켜내려고 더 열심히 하게 되었다.

스터디 플래너에 완수한 체크표의 개수가 많아졌다. 그전에는 기본 문제만 풀고 심화 문제는 넘겼는데 문제집을 열심히 풀다 보니 드디어 심화 문제를 풀고 싶은 욕심이 생겼다. 어려운 문제를 보면 풀 수 있을 것 같은 자신감도 생겨 천천히 도전해 보았다.

시간을 두고 찬찬히 풀어 보니 풀리는 문제들이 생겨났다. 그러나 여전히 풀 수 없는 문제가 많았다. 모르는 문제는 답지를 보거나 친구들에게 물어보면서 하나씩 해결해 나갔다.

정이는 계획 세우기를 총 세 번 했다.

첫째, 혼자서 계획을 세웠는데 계획대로 했는지 점검이 없었다. 성적이 떨어진 원인을 찾느라 살펴보면서 실천하지 못하는 계획이 많았다는 걸 알게 되었다.

둘째, 일일 계획 세우기를 했다. 계획을 다 실천하기 위해 하루하루 계획을 세우는 걸로 바꿨지만 이것도 역시 완수하기는 어려웠다.

셋째, 친구와 함께 계획 공유하기로 바꾸었다. 다른 사람과 함께하는 계획이라 실효성이 높았다. 다른 사람들에게 말함으로써 말의 무게가 더 무거워지고, 약속을 지키기 위한 노력을 더 하게 되었다. 이 계획은 부수적인 효과도 가져왔다. 그동안 미뤄 왔던 심화 문제에 도전할 수 있게 되었다.

심화 문제까지 가는 길은 멀다. 정이는 그 동안 기본 문제를 풀고 심화 문제는 넘겼다. 아이들의 문제집을 보면 아는 문제는 풀고 어려운 문제는 풀지 않고 넘기는 경우가 많다. 정이도 그랬다. 문제집을 여러 권 풀긴 하는데 심화 문제를 다 넘겨 버리면 계속 해서 기초 문제만 풀게 된다.

정이는 공부 계획과 실천한 것을 점검하면서 하지 않고 넘어가는 문제를 줄이는 방법을 찾았다. 못 풀고 넘어간 것들은 결국 심화 문제였다. 어떤 상황에 있든지 간에 처음부터 찬찬히 해서 기본 문제, 중간 문제, 심화 문제까지 해결을 해야 변화가 보인다. 마침내 정이도 심화 문제 풀기에 도전했다.

기초가 덜 잡혔는데 심화 문제에 도전하면 어떻게 될까? 심화 문제는 어려우니 답지를 보고 베껴 쓰게 된다. 제대로 이해하지 않고 베껴 쓰기만 하면 실력이 늘 수 없다. 기본 문제, 중간 문제 단계를 다 거쳐서 개념을 이해한 다음에 심화 문제를 풀어야 실력이 된다.

학습의 성찰로 약한 부분을 파악하다

정이는 내용적으로 해결해야 할 점들을 정리해 보았다. 문제 풀이 과정을 정리하면서 약한 부분을 알게 되었다. 대충 풀기, 문제 제대로 안 읽기, 응용문제에 약하다는 것을 알게 되었다. 정이는 학습을 성찰하고 이것을 해결할 방법을 찾아냈다. 누구나 자신의 학습을 성찰하면 해결해야 할 부분을 찾을 수 있다.

정이는 자신의 학습을 되돌아보고 해결해야 할 문제를 3가지로 진단했다.

첫째, 문제 풀이 과정을 정리하지 않아 어디서 무엇이 잘못되었는지 알기 어려웠다. 이 문제를 해결하기 위해 문제 풀이 과정을 정리하기로 했다. 문제 풀이 습관을 바꾸기 위해 문제 풀이 과정을 순차적으로 정리하기 시작했다. 그랬더니 어디가 잘못되었는지 한눈에 파악이 되고 중간에 실수한 부분을 재빨리 알아차리게 되었다.

둘째, 시험 칠 때 마음이 급해 문제를 제대로 읽지 않아서 생기는 실수가 많았다. 이 점을 고치기 위해 문제가 아무리 길더라도 찬찬히 읽고 문제를 풀기로 했다. 그러자 문제를 더 잘 이해하게 되었고, 문제가 길어도 잘 풀 수 있게 되었다.

셋째, 응용문제에 약했다. 기본 문제는 잘 푸는 데 문제가 약간 꼬여서 나오거나 응용한 문제가 나오면 어떻게 시작해야 할지 실마리를 찾을 수가 없었고, 어떻게 접근해야 할지 감을 잡을 수 없었다.

정이는 기본 문제는 잘 푸는데 응용문제를 왜 못 푸는지 곰곰이 생각해 보고 자신이 원리를 놓치고 있다는 것에 생각이 미쳤다. 그래서 지금까지 배운 개념을 정리하는 나만의 수학 노트를 만들기 시작했다.

정이는 수학 노트를 만들고 개념을 정리했다. 자주 나오는 개념들은 더욱 확실히 이해하려고 했다. 수학 노트를 만들고 새로운 개념이 나올 때마다 정리를 하고 확실히 이해하려고 노력하니 어려운 문제가 나와도 개념과 원리를 바탕으로 문제를 풀 수 있게 되었다. 수학 개념 노트를 이용하면서 정이는 예전에 손대지 못했던 문제들을 거뜬히 풀게 되었다. 그러면서 수학에 대한 자신감이 다시 붙기 시작했다.

이제 정이에게 수학은 시간 가는 줄 모르고 집중할 수 있는 하나의 놀이 같다. 정이는 어려운 문제를 풀면서 스스로 한계를 시험하고, 문제를 풀면서 성취감을 느낀다. 수학을 좋아하는 학생들이 첫 번째로 꼽는, 어려운 문제를 풀고 나서 느끼는 뿌듯함을 알게 된 것이다.

스스로 할 수 있다고 믿고 새로 시작하는 게 모든 일의 첫걸음이다. 모든 해결책은 매일매일의 공부 습관과 자신의 마음속에 있다. 정이는 이미 21세기 역량을 스스로 터득했기 때문에 수학 공부 방법뿐만 아니라 앞으로의 인생에서도 성공하는 사람이 될 것이다.

정이가 잘한 것은 외부에 원인을 두지 않고 자신의 공부 습관과 공부 방법을 성찰한 것에 있다. 자신을 이해하고, 자신의 작업 방식을 이해하고, 자신의 창의성을 이끌어 내는 건 21세기 역량이다. 학습의 성찰도 미래역량이다. 자신의 학습을 성찰하면 성장할 수 있다. 더 나은 자신이 되기 위해서 성찰하고 성장한다.

기초 문제는 풀 수 있는데 심화 문제나 응용문제를 풀기 어려운 것은 학생들이 자주 부딪치는 문제이다. 학원을 바꾸고 선행을 해도 해결되지 않을 때가 많다. 개념을 정확히 배우고 익혀야 해결할 수 있기 때문이다. 정이는 자신의 학습 방법을 성찰하고 심화 문제와 응용문제를 해결하는 방법을 스스로 찾아냈다.

AI 기반 학습 에듀테크를 활용하자

수업 시간에 완벽하게 이해하고 넘어가려면 인강을 미리 듣고 수업에 들어가는 게 좋다. 에듀테크를 활용해서 자기주도적으로 학습하는 데 도움을 받을 수 있다. 예습을 하거나, 복습을 하거나, 충분히 알고 있는지를 확인하는 데에도 도움을 받을 수 있다.

열품타 같은 앱을 이용하여 다른 사람들은 얼마나 공부하는지 보면서 마음가짐을 다 잡을 수도 있다. 열품타 앱은 자신과 다른 사람들이 공부한 시간을 알려 준다.

예습할 때

예습을 선호한다면 인강 듣기를 추천한다. 인강을 듣고 수업을 들으면 수업 시간에 내용을 완벽하게 이해하고 넘어가는 데 도움이 된다. 수업 시간에 이해가 안되는 부분이 있으면 바로바로 질문해서 해결할 수도 있다. 또 자기가 알고 있는 내용을 선생님이 하는 설명과 비교해 보는 것도 재미있다.

복습할 때

복습을 선호하는 학생은 AI 기반 학습 에듀테크를 통해 도움 받기가 가능하다. 틀리는 문제에 대해 비슷한 유형의 문제를 반복적으로 받아서 풀면 충분히 해결하고 넘어갈 수 있다.

에듀테크를 이용하면 문제집을 풀 때 알고 있는 문제는 계속 풀고, 모르는 문제는 자꾸 넘겨 버리는 일을 피할 수 있다. 틀리는 개념, 모르는 문제를 확실히 알고 넘어갈 수 있어 문제집을 한 권씩 푸는 것보다 더 문제에 집중할 수 있는 장점이 있다.

'에듀테크 코리아 포럼 2022'에서 학생이 스스로 공부하는 데 도움이 되는 기술 개발에 대한 내용이 소개되었다. 수학 문제를 못 푸는 학생이 있으면 그 문제를 푸는 데 도움이 되는 동영상을 제공해 주었다. 즉각적인 피드백을 주는 기술이었다.

즉각적인 피드백에 대해 교사들은 학습 보조 교구를 교실에서 사용하는 만큼의 효과가 있다고 했다. 학생이 어려움을 겪는 문제에 대해 즉각적으로 1 대 1로 관심을 가져 주면 학생은 훨씬 더 자신감을 가지고 지식을 탐험할 수 있게 된다.

기술을 잘 사용하면 학생이 스스로 공부하도록 돕는 여러 가지 가능성이 열리고 있다. EBS 방송에서 책 읽기가 어려운 학생에게 선생님이 녹음 숙제를 내줘서 학생의 책 읽기를 도와주는 사례를 보여 주었다.

그냥 책 읽기 숙제는 학생이 읽었다고 하고 안 읽고 넘어가거나 대충 읽을 수도 있다. 그러나 녹음 숙제는 빠뜨리지 않고 차근차근 책을 읽게 도와준다. 처음부터 끝까지 읽는 것을 녹음해야 하기 때문이다. 미루거나 안 하는 방법을 아예 없애 버리고 차근차근 하게 하는 방법은 읽기가 어려운 학생에게 큰 도움이 되었다.

시간이 지난 후 책 읽기가 안되었던 학생이 책을 아주 잘 읽는 학생으로 바뀌었다. 이처럼 기술을 사용하면 학생이 어려움을 겪는 부분을 해결하는 데 도움이 된다.

수학적 역량은 미래인재 핵심 역량이다

2022 개정 교육과정에서는 수학적 역량을 강조한다. 이는 문제해결을 위한 미래역량으로서 수학적 역량이 중요하기 때문이다. 그리고 수학 학습을 위해 깊이 있는 학습과 학습의 성찰을 강조한다. 2022 개정 교육과정은 2025년부터 전면 시행할 예정이다.

학생들은 문제를 잘 풀기 위해서 처음 접하는 용어가 무슨 뜻인지, 처음 보는 공식이 어떻게 나온 것인지 술술 풀어낼 수 있을 정도로 익숙해져야 한다. 이것은 암기로 될 일이 아니다.

2022 개정 교육과정에서는 깊이 있는 학습, 학생의 삶과 연계한 교육, 진로와 적성에 따른 의미 있는 학습, 학습의 성찰을 강조했다. 공부를 제대로 하려면 학습의 깊이가 있어야 한다. 학생이 공부하는 내용에 흥미를 가지려면 학생의 삶과 연계되어야 하고, 학습 결과가

학생의 진로와 적성에 따라 의미 있게 연결되어야 하는 지극히 당연한 방향들이 제시되었다.

학습의 성찰은 학생이 스스로 어떻게 배우는 사람인지 들여다보고, 더 잘 배우는 방법을 알아내는 데 큰 도움이 된다. 나는 어떻게 공부하는 사람인지, 뭘 알고 뭘 모르는지 반성하면서 바람직한 방법을 찾는 데 성찰은 좋은 수단이다. 무작정 공부할 수도 있지만 자기 방식에 맞춰 공부하면 좀 더 신나게 할 수 있다.

교육과정이 바뀌면 실제로 뭐가 바뀔까? 일단 교과서가 바뀐다. 교육과정을 발표하면 교육과정에 따라 교과서를 쓰고 새 교과서가 나온다. 새 교육과정에 의한 교과서이기 때문에 교과서를 통해 교육과정을 보는 사람들도 있다. 그 다음에는 바뀐 교육과정에 따라 입시가 정해진다.

고교학점제는 학점을 취득하는 방법, 학기를 운영하는 방법이다. 부모들이 보기에는 단위나 학점이나 이름만 다르게 부르는 것이라고 인식할 수도 있지만 학교의 수업 개설 측면에서는 다르다. 학교에서 수업을 할 때는 한 과목을 한 학기에 해야 한다. 두 학기에 했던 과목들이 1, 2로 쪼개지거나 분량이 조정되고 한 학기짜리 과목으로 만들어진다.

문제해결을 위한 미래역량으로서 수학적 역량이 중요하다

공부는 결국 미래사회에 문제를 해결할 수 있는 능력을 습득하는 것이다. 미래의 문제를 미리 당겨 현재에 해결할 수는 없다. 공부를 통해 현재의 문제를 해결하는 훈련을 함으로써 미래에 나타날 어떤 문제에 자신을 믿고 도전할 용기를 배우는 것이다.

상황을 수학적 수식으로 정리하고, 수학적 원리에 따라 수식을 푼 다음에 그것을 실제 세계의 언어로 바꾸는 게 수학이라면, 수학은 문제해결에 꼭 필요하다. 인공지능이 점점 더 발달해서 데이터가 많을 때 의미 있는 데이터를 골라내고, 패턴을 읽어 내고 패턴을 해석하는 능력은 점점 더 중요한 역량이 될 것이다.

한 단계 한 단계 내용이 깊어질 때마다 새로 나온 용어의 의미를 익히고, 새로 나오는 공식은 어떻게 유도된 것인지 익히면서 수식의 의미를 깊이 이해하는 게 필요한 이유이기도 하다.

학교 공부는 초·중·고등학교에서 배운 개개의 수학 개념들이 서로 어떻게 연결되어 있는지 정리한다. 중학교에서는 초등학교에서 뭘 배워서 왔는지, 그래서 지금 뭘 가르쳐야 하는지를 정리한다. 이게 초등학교와 중학교에서 하는 학습과 개념의 연계 방법이다.

수학은 일상생활에 많이 쓰이고 있다. 자연과학이나 공학의 문제를 맥락과 상황에 맞춰 설명해야 할 경우, 그것을 수학적 표현으로 바꾼 다음 수학으로 문제를 풀고, 수학을 다시 현실 맥락에 전환하여 문제 자체를 해결한다.

21세기의 문제를 해결하는 데는 기본적으로 수학적 역량이 필요하다. 어떤 분야의 직업을 가지든, 새롭게 생기는 직업 분야로 진출하든, 이미 있는 직업 분야로 진출하든 상관없이 미래의 복잡한 문제들을 해결하려면 그 문제를 수학 문제로 표현하고, 수학적 방식을 거쳐 현실에 맞게 해석하고 설명하는 일이 필요하다. 이런 능력을 총체적으로 수학적 역량이라고 표현한다. 그런 일을 해 낼 수 있는 역량을 기르기 위해 수학을 배운다.

5장

학생들의
수학 체험 활동

이 장에서는 수학과 연결된 학생들의 활동을 담았다. 수학 말하기 대회, 부스 체험 같은 활동을 비롯하여 수학올림피아드, 지능형 수학교실과 최근에 핫한 데이터 리터러시까지 소개한다.

- 수학 말하기 대회 : 수학 문제를 푸는 게 아니라 수학 주제를 이야기하는 대회이다.
- 수학 체험 부스 : 수학 체험 활동을 부스에서 운영하고 내용을 설명하는 것이다.
- 수학올림피아드 : 수학 분야에서 학생들이 최고로 뽑는 수학 대회이다.
- 지능형 수학교실 : 학생들의 최첨단 수학 활동을 장려하는 새롭게 등장한 교실 형태이다.
- 데이터 리터러시 : 수학뿐만 아니라 다른 과목에서도 다루는, 미래사회의 핵심 요소이다.

1

수학 말하기 대회: 생각하는 힘이 커진다

수학 말하기 대회는 학생들이 수학에 대해 배우고 알게 된 주제에 대해 3분 이내로 이야기하는 대회이다. 학생들은 학교 수업 시간에 배운 내용과 관련된 수학을 설명한다. 학생들이 무엇을 배웠고, 어떤 이야기를 하는지 보려면 애스크매스에 있는 수상작 동영상을 참조하기 바란다.

A중학교 팀은 학생들이 실제로 폰을 고를 때 만나는 문제를 들고 나왔다. 일상생활에 수학이 쓰이는 예로 스마트폰을 들며, 어떤 스마트폰을 구매해야 저렴한지에 대해 이야기했다. 두 스마트폰의 기곗값과 요금제를 일차함수를 이용해서 설명하고, 시간에 따른 비

용을 계산했다.

아이폰과 갤럭시폰의 기곗값을 택하고, 청소년들이 사용했을 때 가장 저렴한 요금제를 택했다. 시간이 지남에 따라 두 폰에 들어가는 비용을 계산했다. 폰에 들어가는 비용은 각각 일차함수로 요금제가 달라서 기울기가 다른데 16개월에 두 그래프가 만났다. 16개월이 되자 두 폰에 든 비용이 같아졌다. 16개월 이후부터는 요금제가 저렴한 폰이 비용이 적게 들어간다는 걸 수학으로 설명했다.

당장에 들어가는 기곗값과 저렴한 요금제, 기곗값이 없고 상대적으로 비싼 요금제에 대해 말로만 들어서는 비용이 어떻게 되는지 헷갈릴 수 있다. 그 궁금한 점을 학생들이 일차함수를 이용해서 분석했다. 일차함수를 그래프로 나타내고, 비용 측면에서 어떤 폰과 요금제를 써야 하는지 알려 줬다. 설명도 명료하고, 그래프로 시각화해서 결과도 알기 쉬웠다.

B고등학교 팀은 학생들이 일상생활에서 자주 마주치는 상황인 음료와 다이어트를 주제로 단리와 복리를 설명했다. 구매한 음료를 원금, 적립 포인트를 이자라고 설명하고, 단리는 적립한 포인트로 무료 음료를 제공해 주는 서비스에 비유했다. 복리를 설명할 때는 다이어트를 위해 운동을 할 때 무리해서 하지 않고 차근차근 체중을 줄이는 것에 비유했다.

학생들은 수학 책에 나오는 단리, 복리, 원리합계의 개념을 일상생활에서 적절한 상황과 소재를 찾아 이야기했다. 학생들이 즐겨 마시는 음료, 학생들의 관심사인 다이어트를 이용한 설명은 기발하다. 다이어트뿐만 아니라 실제 생활경제 개념으로 설명하니 이해하기도 쉽고 기억에도 오래 남는다.

　　말하기 놀이는 꼭 대회 형식이 아니라도 가능하다. 가정에서도 아이들과 말하기 놀이를 할 수 있다. 정답이 있는 것은 아니다. 아이의 생각을 말하게 하자. 독창적인 생각도 좋고, 핵심적인 규칙을 이야기하는 것도 좋다. 머릿속으로 알고 있는 개념을 소리 내서 설명함으로써 개념이 단단해지고 생각이 발전하게 된다. 생각하는 힘이 확장된다.

수학 체험 부스 운영: 자신감이 생긴다

수학 체험 부스 활동을 통해 아이들이 성장할 수 있다. 학교에서 수학 체험 부스를 연다고 하면 아이들은 자신의 꿈과 맞닿아 있다고 판단해서, 또는 전체 과정을 스스로 기획하고 운영하는 경험을 하려고 참여하는 경우가 많다. 아이들은 기회를 주면 잘 활용하고 배운다. 그러므로 부스 운영의 기회가 있으면 무조건 참여하는 것을 추천한다. 다음은 초등학생들의 수학 체험 부스 운영 경험담이다.

초등학교 4학년인 현이는 교사가 되는 것이 꿈이다. 그래서 수학 체험 부스 참가자를 모집한다고 할 때 바로 한다고 했다. 부스 운영을 해 보면 나중에 선생님이 되어서 설명할 때 도움이 될 것 같았기 때문이다. 팀을 구성하고, 재료를 사고, 준비를 하다 보니 어느새 부스를 운영하는 날이 되었다.

현이는 원래 부스를 운영하면서 체험도 조금 해 보려고 했는데, 부스 운영이 재미있어서 체험은 하지 못했다. 운영만 해도 재미있고 뿌듯했다. 손님이 없으면 나가서 홍보했다. 그랬더니 대기 손님까지 생겼다. 재미있다고 두세 번 오는 손님들도 있었다. 끝나고 나니까 무척 뿌듯했다. 같이 준비해 준 친구들도 고맙고 부스에 와 준 모든 손님이 고마웠다.

또 한 명의 초등학교 4학년인 원이는 학교에서 체험 부스를 운영한다는 이야기를 들었다. 학생들이 팀을 짜고, 주제를 잡고, 역할을 분배하고, 계획서를 쓰고, 재료를 준비하고, 운영까지 모든 과정을 직접 다 한다고 했다. 새로운 경험을 할 수 있을 것 같아 신청했다.

먼저 팀원이 된 친구들과 하고 싶은 주제를 의논했다. 하고 싶은 우선순위가 팀원들마다 달라서 조금씩 양보하고 배려하면서 주제를 골랐다. 모스 부호로 팔찌 만들어 보기, 같은 모양이 연결된 삼각형·사각형·육각형 만들기로 정했다.

부스에 줄이 길게 서고, 친구들이 만든 팔찌를 보여 줄 때는 기분이 좋았다. 부스를 마치고 나니 각자 자신의 역할을 잘해 준 팀 친구들이 고마웠다. 팔찌도, 게임도 수학적으로 할 수 있다는 게 마냥 신기했다. 다음에 부스 운영을 또 하게 되면 더 잘할 것 같았다.

학생들은 체험 부스를 운영하면서 하나의 일이 제대로 되기 위해서는 모두가 서로 도와야 한다는 것을 깨닫게 된다. 또 부스를 같이 운영한 친구들, 고객으로 찾아온 친구들, 주제의 한 축을 담당한 수학까지 모든 것에 고마워하는 마음도 갖게 된다.

학생들은 계속해서 같은 설명을 하면서 내용에 대해 점점 더 깊게 이해하게 되고 목소리에 자신감이 붙는다. 부스에 와서 설명을 듣는 고객의 반응을 보면서 자신의 설명을 생각하고 정교화한다.

수학올림피아드: 수학 실력자들의 만남

국제수학올림피아드는 국제적으로 치르는 수학경시대회이다. 참가 나이는 20세 이하로 대학 교육을 받지 않는 학생이다. 대수, 기하, 정수론, 조합 등에서 다양한 유형으로 총 6문제를 출제한다. 이틀간 각 3문제씩, 하루 4시간 30분씩 진행된다. 문제당 만점은 7점으로 총 42점 만점이다.

국제수학올림피아드는 1959년 루마니아에서 처음 개최되었다. 우리나라는 1988년 제29회 호주 대회에 처음으로 참가했으며, 2000년에 카이스트에서 41회 국제수학올림피아드를 개최한 바 있다.

국제수학올림피아드는 대한수학회가 주관한다. 국제수학올림피아드에 관심이 있다면 대한수학회의 한국수학올림피아드 누리집을 찾아보면 자세한 정보를 찾을 수 있다. 전형별 일정이 나와 있다.

국제수학올림피아드 조직위원회에서 개최국을 정하고 문제도 출제한다. 국제수학올림피아드 누리집에 설명된 출제 방식은 다음과 같다.

개별 국가에서 문제를 제출하면 주최국 출제위원회에서 검토하고, 수정해서 최종 후보 문제 30문제를 정한다. 이 문제를 대회 기간 중에 참가국 단장들의 모임인 심사위원단 회의에서 길고 긴 논의를 거쳐 6문제를 확정한다. 확정 후 각국 언어로 번역하고 학생들은 영어와 모국어 두 종류의 문제를 받는다.

수학올림피아드 한국대표단은 공식적인 절차를 거쳐서 선발된다. 대한수학회 누리집에 나와 있는 일정은 다음과 같다.

- 한국수학올림피아드 1차 시험(5월)

- 여름학교(8월)

- 통신강좌 봄·가을 각각 7주간 실시

- 한국수학올림피아드 2차 시험(KMO, 11월)

- 겨울학교 모의고사(1월)

- 아시아태평양수학올림피아드(APMO, 3월)

- 한국수학올림피아드 최종 시험(3월)

한국수학올림피아드위원회에서 정한 가중치를 곱하여 합산한 성적을 기준으로 약 2배수, 12명 내외를 최종 후보 학생으로 선발한다. 대표 선발 최종시험 성적과 이전 시험 성적에 한국수학올림피아드위원회에서 정한 가중치를 곱하여 합산한 성적을 기준으로 최종 한국 대표 6명을 선발한다.

최종 후보 및 교육대상자는 5월경 약 5주간 주말 교육을 받는다. 최종 한국 대표 학생 6명은 6~7월 대회 참가 전까지 집중적으로 교육을 받고 국제수학올림피아드대회를 준비한다.

한국올림피아드 누리집을 자세히 보면 '대한수학회 한국수학올림피아드위원회'의 이름으로 일부 학원에서 실시하는 KMO 모의고사는 한국수학올림피아드와 전혀 상관이 없음을 알리고 있다. 대한수학회와 한국수학올림피아드위원회는 KMO 모의고사를 실시하지 않는다고 안내했다.

국제수학올림피아드 수상자의 수상 실적은 우리나라 대학에 입학할 때는 사용하지 못하지만 미국 아이비리그 대학에 입학할 때는 사용할 수 있다. 예전부터 국제수학올림피아드 참가는 수학을 좋아하는 아이들에게 최고의 경험이었다. 참가자들은 대학에 들어간 이후에도 계속 서로 교류하고, 논문을 같이 쓰는 경우도 있다.

국제수학올림피아드에 실제로 출제된 문제는 국제수학올림피아드 누리집에 공개되어 있다. 1959년부터 2022년까지 출제된 문제를 다운로드할 수 있다. 답은 공개되어 있지 않다. 'IMO 문제'로 검색해도 찾을 수 있다.

최종 후보 문제는 2006년부터 2022년까지 공개되어 있다. 국제올림피아드 누리집에서 문제를 누르면 PDF 파일로 다운로드할 수 있다.

예시 : 2021년 대회 1번 문제, 분류 조합

n은 100 이상의 정수이다. 민수는 숫자 $n, n+1, \cdots, 2n$을 서로 다른 $(n+1)$장의 카드에 각각 하나씩 적고, 이 카드들을 섞은 후에 2개의 묶음으로 나눴다. 이때 적어도 한 묶음에는 카드에 적힌 숫자의 합이 완전제곱수가 되는 2장의 카드가 존재함을 보여라.

· 출처: mo.math1.org

지능형 수학교실: 첨단 정보통신 기술을 갖추다

지능형 수학교실은 첨단 정보통신 기술을 이용해서 수학 공부를 할수 있는 교실이다. 미래 세대에게 필요한 수학의 핵심 역량을 기르는 게 목표이다. 인공지능 시대에 맞춰 학교 수학교실도 지능형 수학교실로 바꾸고 있다. 교육부와 한국과학창의재단을 중심으로 기획하고, 시도교육청별로 개별 학교에서 시행하고 있다.

　지능형 수학교실에는 VR, AR 등 가상 교구도 있고, 공학 도구와 실물 교구, 다양한 스마트 기기나 플랫폼을 활용할 수 있다. 다양한 온라인 학습과 평가도 가능하다. 공간과 좌석 배치가 자유로우며, 아이들이 수학을 발견·탐구하고 자기주도학습을 할 수 있다.

울프람알파를 개발한 울프람이 테드 강연에서 이야기한 것처럼 지능형 수학교실에서는 실제 세계의 상황을 수학적 문제로 변환하여 실제 수학을 할 수 있다. 복잡하고 어려운 실제 세계의 문제를 수학적 문제로 만들어서 문제를 해결하는 경험을 할 수 있다.

교실 공간은 개별 학교의 공간 사정에 따라 기존 교실과 같은 크기, 1.5배, 2배로 만들 수 있다. 넓고 색감이 예쁜 교실, 학생들이 좋아하는 기자재가 많은 교실이 되면 학생들이 자주 오고 싶어 하고 오래 머물고 싶어 한다.

지능형 수학교실 배치도

지능형 수학교실 2.0 도면

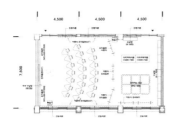

맞춤형 테이블 배치 및 확장된 메이킹 공간 활용 유형

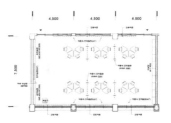

확장된 맞춤형 테이블 배치 및 메이킹 공간 활용 유형

· 출처: 한국과학창의재단(2021), 지능형 수학실 2.0 배치도

미래역량을 기르기 위해 특히 필요한 것은 문제 만들기와 실제 세계의 문제 풀기이다. 아직까지 우리 아이들의 수학 공부는 주어진

문제, 잘 정의된 문제 풀기에 집중되어 있다. 주어진 시간 안에 실수 없이 많은 문제를 풀어내는 훈련을 한다. 반면에 문제를 만들어 내는 공부는 거의 할 기회가 없다. 이것을 지능형 수학교실에서 할 수 있다.

미래사회에는 남들이 생각하지 못한 나만의 문제를 내는 능력이 특히 중요하다. 아이들이 자신의 언어를 사용해 만들어 내는 참신한 수학 문제에 대한 긍정적 피드백은 수학에 대한 아이들의 자신감을 북돋워 준다. 이제 학생들은 그 전에 배우던 방식에서 새로운 경험을 하고, 새로운 생각을 하게 될 것이다.

데이터 리터러시: 미래사회의 핵심 요소

노스이스턴 대학교 조지프 아운 총장은 『AI 시대의 고등교육』에서 갖춰야 할 3가지 미래역량으로 기술적 문해력, 데이터 문해력, 인간 문해력을 들었다. 과학기술 시대에 기술을 잘 이해하고 다루는 만큼 데이터를 이해하고 다루는 일이 그만큼 중요해졌다. 따라서 데이터를 다루고 이해할 수 있는 능력을 길러야 한다.

데이터를 다루는 과목으로는 이산수학과 데이터 과학이 있으며, 그밖의 다른 과목에서도 데이터를 많이 다룬다. 고등학교 수학 선택 과목 중 진로선택과목이다. 데이터 과학은 정보 과목이다.

이산수학 과목 설명에 "컴퓨터 과학의 이론적 토대인 알고리즘과 논리 회로를 다루어", "이산적 자료를 수집하고 처리하여 정보에 근거한 합리적 의사결정을 한다."라고 명시되어 있다.

개별 과목에서 데이터를 다루는 예는 다음과 같다.

[9환03-03]
환경 문제의 원인과 영향을 데이터를 기반으로 조사하고, 관련 쟁점과 해결 방안을 탐구한다.

[10통과2-03-02]
감염병의 진단, 추적 등의 사례로 과학의 유용성을 설명하고, 미래사회 문제 해결에서 과학의 필요성에 대해 논증할 수 있다.

· 출처: 교육부(2022). 2022 개정 교육과정

환경 과목에서도 환경 문제를 다룰 때 데이터를 기반으로 조사하고 쟁점과 해결 방안을 탐구하고 배운다. 통합과학 과목에서도 실험, 기상 관측, 유전체 분석, 신약 개발에 사용되는 실제 데이터를 들여다보고 어떻게 사용되는지 탐구하고 배운다.

학생들은 인터넷과 데이터가 연결된 세상에서 태어나고 배우고 살아간다. 데이터를 다루고 해석하는 방법들을 배우고, 이를 기반으로 더 현명한 의사결정을 하는 방법을 터득한다. 서로 관련 없어 보이는 데이터를 서로 연결해서 새로운 해석을 하거나, 넘치는 데이터 중에서 의미 있는 데이터만 뽑아서 해석해 내는 근간에 수학적 원리가 있다.

6장

미래인재로 키우는 부모의 역할

이 장에서는 현장에서 노력하는 선생님들 중 세 분을 소개한다.

첫 번째 선생님은 학생의 자신감을 높여 주기 위해서 학생이 잘하는 것을 찾아서 반에 적응할 수 있도록 해 주신 분이다.

두 번째 선생님은 특수학교에서 VR를 활용해서 학생의 문제를 해결하고 취업까지 도와주신 분이다.

세 번째 선생님은 유전체 분석에 관련된 용어 하나를 설명하려고 연관된 분야를 공부해서 그 일을 해 내신 분이다.

이 특별한 선생님들은 부모가 아이를 미래인재로 키우려면 어떤 역할을 해야 할지 고민이 될 때 인사이트를 제공해 준다.

어떻게 하면 우리 아이가 자신감을 가질 수 있을까? 우리 아이가 가진 문제를 해결하려면 어떻게 해야 할까? 새로운 기술과 새로운 용어가 나왔을 때는 어떻게 해야 할까? 이에 대한 힌트를 얻을 수 있다.

작은 성공을 격려하면
다른 것도 함께 잘하게 된다

지금 당장보다 먼 미래를 보자. 아이들이 살아갈 세상은 다르다. 지금과 같은 세상을 살지 않는다. 그들이 세상에 나가서 하는 일 또한 다르다. 그때 어느 분야가 유망하고, 어떤 직업이 고연봉의 일자리가 될지 지금은 알 수 없다.

그들의 세상을 활짝 열고 힘차게 걸어갈 수 있도록 도와주는 힌트는 현장 선생님에게 있다. 학생이 잘하는 걸 찾아서 격려해 준 선생님들의 특별한 노하우를 배워 보자.

학생의 자신감 업 프로젝트를 진행하다

✖ ✖ ✖

『2020 신나는 SW AI 교육 수기 공모전 우수사례집』에 나오는 선생님 이야기이다. 2020년 5월에 한 학생이 6학년에 전입을 했다. 탈북학생인데 공부는 북한에서 3학년까지 이수했다.

담임 선생님은 그 학생을 지켜보면서 2가지 지원이 필요하다고 판단했다. 하나는 학업 지원, 또 다른 하나는 정서적 지원이었다. 관찰해 보니 공부를 따라오는 것도 어려워하고 친구들과 어울리는 것보다 혼자 있는 시간이 많았다.

선생님의 자신감 업 프로젝트의 핵심은 이 학생이 다른 아이들보다 더 잘할 수 있는 것을 찾아서 수업하는 것이었다. 2년 정도 학업에 공백이 있어서 주지교과는 어려운 상황이었다. 고민 끝에 '소프트웨어 선도학교'라는 학교의 특성을 살려 소프트웨어 교육을 하기로 했다.

아이가 수업을 통해서 친구도 만들고 자신감을 찾게 하려면 선생님이 능숙하게 수업을 진행하는 것이 중요하다고 생각했다. 그래서 먼저 혼자 조작해 보면서 시행착오도 겪고, 교구를 잘 다룬다고 소문난 선생님을 찾아가 도움을 청하며 철저하게 수업 준비를 했다. 마침내 선생님은 학교에 있는 교구를 적극적으로 활용할 수 있게 되었고, 로봇을 만들어 대회를 하는 수업을 진행했다.

다행히 그 학생은 로봇 만들기를 제법 잘해서 다른 아이들보다 빨리 만들었다. 만들기를 잘하니까 반의 남학생들이 말을 걸기 시작했다. 로봇경주대회에서 그 학생은 조 1위, 반에서 3위를 하였다. 조 1위를 하고 나니 반의 여학생들도 말을 걸기 시작했다. 그 학생은 그날 이후로 친구 관계가 개선되었다. 선생님은 그 아이의 "의기양양한 표정을 그날 처음으로 볼 수 있었다."고 말씀하셨다.

선생님의 말씀 중 인상적인 것은 "가장 큰 변화는 스스로 성취할 수 있는 힘이 생긴 것이다."는 말이다. 실제로 그 학생은 이전에는 수학 문제를 풀려고 하면 눈물부터 흘렸는데, 이제는 계산이 틀려도 끝까지 풀려고 노력한다고 했다.

아이가 더 잘할 수 있는 것에서 시작해서 자신감을 키워 주자. '의기양양한 표정'과 '성취할 수 있는 힘', 그걸 아이가 스스로 가져 갈 수 있게 해 주자. 선생님의 수업에 힌트가 있다. 로봇경주대회 수업이었지만, 아이는 수학 공부에도 힘을 얻었다. 잘하는 것에서 시작해서 확장이 된 것이다.

떠 먹여 주기보다는 스스로 시작할 수 있도록 작은 시작을 격려해 주자. 그리고 그 길에서 스스로 거둔 작은 성공을 폭풍처럼 칭찬해 주자. 스스로를 믿고 그 길을 계속 걸을 수 있도록 도와주자.

그럼에도 불구하고 내 아이는 어디에서 시작해야 할지 모르겠다면 아이에게 직접 물어보자. 무슨 말을 들었을 때, 어떤 일을 했을 때 격려를 받고 신이 났는지 물어보자. 아이가 원하는 방식으로 칭찬해 주자.

2

기술을 활용하면
문제를 해결할 수 있다

시간이 지날수록 아이들은 신문물에 점점 빨리 익숙해지고, 부모들
은 아이들보다 느릴 것이다. 기술을 활용해서 학생들의 취업을 도와
주신 특수학교 선생님이 있다. 특수학교 선생님이 아이들의 취업에
대해 깊이 고민하고 문제해결을 위해 가상현실 기술을 사용한 것이
효과를 거둔 사례이다.

가상현실(VR) 기술을 활용하다

✕ ✕ ✕

특수학교에 근무하는 한 선생님이 학생들의 취업 결과를 분석한 결과, 장애의 정도와 취업 여부가 큰 상관관계가 있다는 걸 발견했다. 원인을 분석해 보니 학생들이 현장에 나갔을 때 익숙하지 않아서 실수하고 작업에 적응하지 못했기 때문이었다.

선생님은 이 문제를 해결하기 위하여 가상현실 기술로 실습하는 것을 착안했다. 여러 보호작업장의 환경과 직무를 모두 3D 카메라로 촬영하고 편집한 다음 소프트웨어를 만들었다. 그리고 수업 시간에 학생들에게 반복해서 훈련을 시켰다. 훈련이 끝나고 현장 실습을 보냈더니 학생들이 VR로 경험한 작업장과 같아서 크게 낯설어하지 않고 환경에 잘 적응했다. 이후 그 선생님에게 신입직원 훈련에 적합하다며 프로그램을 제공해 달라는 요구가 빗발쳤다고 한다.

선생님은 자기가 개발한 프로그램으로 훈련한 학생이 근로계약서에 사인을 하는 순간이 교사로서 최고로 보람을 느끼는 때라고 했다. 앞으로 이처럼 깊이 고민하고 기술을 사용하면 현장과 아이들의 문제를 해결할 수 있는 사례가 점점 더 많아질 것으로 기대한다.

아이가 힘들어하는 문제가 있다면 그 문제를 해결하는 데 적합한 기술을 찾아보자. 깊이 고민하다 보면 해결 방법을 찾을 수 있지 않겠는가. 그 기술의 확산으로 또 어떤 기회가 기다리고 있을지 즐거운 상상을 해 보자.

새로운 지식이 필요하면
바로 찾아서 배운다

한 과학 선생님이 코로나19 유전체 분석에 대한 기사를 보고 수업 소재로 사용하려고 했다. 그런데 수업에서 소개하려면 자세히 알아야 해서 공부를 하기 시작했다. 기사 제목은 '코로나 비밀 풀었다. RNA 전사체 세계 첫 분석'이었다. 선생님은 빅데이터 분석에 사용된 파이썬이 무엇인지, 생물정보학에서 빅데이터에 해당하는 염기 서열을 어떻게 분석할 수 있는지 공부해서 설명하기로 했다.

코로나19 유전체를 설명하기 위해 코딩을 공부하다

✖ ✖ ✖

과학 선생님은 코로나19와 사스, 메르스, 에볼라 간 염기서열을 비교하는 활동을 하기 위해 다음 과정을 거쳤다.

첫 번째, 유튜브에서 코딩을 검색하고 6시간짜리 강의를 들었다.

두 번째, 소프트웨어 담당 교사 역량 강화 연수를 들었다.

세 번째, 'Bioinfomatic in python: DNA 툴킷' 영상 무작정 따라하기를 했다.

네 번째, 미국 생물정보학 누리집에서 인슐린 파스타 파일을 다운받아 수업에 활용했다.

다섯 번째, 유튜브 채널에서 코로나19와 사스, 메르스, 에볼라 간 염기서열 비교 코딩에 대한 영상을 보았다.

여섯 번째, 바이오 파이썬으로 만나는 생물정보학 책을 공부했다.

이 과정을 다 거치고 나서 비로소 코로나19와 사스, 메르스, 에볼라 간 염기서열을 비교하는 활동을 할 수 있게 되었다.

과학 선생님은 현재 과학자들의 연구 결과에 대한 기사를 보고 그 과정과 의미에 대해 학생들에게 설명해 주기 위해 오랫동안 준비를 했고 마침내 긴 여정을 끝냈다.

새로운 분야는 계속 나온다. 선생님들이 예전에 배우지 않은 내용과 분야이면서 오늘날의 일상생활에 큰 영향을 미치는 새로운 과학적 내용들이다. 여기서 소개한 과학 선생님도 새로운 설명을 해 주려다가 공부를 시작했다.

계속 배울 수 있는 힘은 아이들에게 꼭 필요한 역량이다. 아이들이 새로운 지식이 필요할 때 그걸 바로 찾아서 배우는 힘과 용기를 가질 수 있게 해야 한다. 그러려면 우리는 무엇을 해야 할까?

과학 선생님의 배움에 평생학습에 대한 힌트가 있다. 부모가 몸소 보여 주면 아이들은 쉽게 배울 수 있다. 하지만 더 의미 있는 방법은 계속할 힘을 가질 수 있게 재미나거나 할 만한 것이라는 생각이 들도록 안내해 주는 것이다.

삶과 세상을 바꿀 수 있는 공부를 한다

미래를 살아갈 아이들의 공부는 지식과 기술을 익히고 가치와 태도를 배우는 것을 넘어 삶과 세상을 바꾸기 위한 것이어야 한다. 시험을 보는 데 필요한 공부도 넘어서야 한다. 아이들의 인생에 의미 있고 세상에 가치 있는 공부를 해야 한다. 그런 공부를 하려면 어떻게 해야 할까?

아이들을 믿어야 실패에서 배운다. 아이들을 믿지 않으면 실패를 감추거나, 실패에서 배움을 얻기가 어렵다. 수많은 실패 위에 새로운 성공이 쓰인다. 누구나 한 번 잘하는 것은 있다. 그러나 한 번 잘하는 것은 큰 영향을 주지 못한다. 습관이 거듭해서 누적되어야 힘을 발휘한다.

부모가 여유를 가지고 길게 볼 때 아이도 여유를 가질 수 있다. 미래역량은 아이의 잠재력을 극대화하는 방법이고, 아이가 행복해지는 습관과 맞물려 있다.

미래 교육에 대한 내용을 다룬 마크 프렌스키의 책 『미래의 교육을 설계한다』의 영어 원제는 '그들의 더 나은 세상을 위한 교육'이다. 제목에서 알 수 있듯이 미래는 그들의 세상이고 그들의 세계이다. 부모들이 배운 방식, 부모들이 시험 본 방식 중 일부는 유지된다 하더라도 미래의 세상은 지금과 전혀 다른 모습일 것이다.

아이가 행복해지는 습관과 연결해서 생각해 보자. 설령 아이가 문제를 틀려서 답답하더라도, 다음에 실수하지 않게 하려고 지금까지 해 오던 비난은 멈춰야 한다. 틀린 부분을 스스로 찾아낼 수 있게 하고, 장점을 강화해 주어야 한다. 그들이 자기 세계의 문을 열 수 있도록, 스스로 그 방법을 찾을 수 있도록 도움을 주자.

'우리 아이는 어떻게 하면 스스로 찾아서 할까?'라고 생각하는 것보다 알아서 스스로 할 수 있도록 해 주는 게 가장 좋은 방법이다. 더 나은 교육 방법을 찾는 부모들, 게임하느라 늦게 자서 오늘도 제 시간에 일어나지 못하는 아이 때문에 고민하는 부모들이 모두 다 아이의 특성에 맞는 맞춤형 공부법을 찾기 바란다.

실험실습할 기회를 준다

아이들에게 기회를 주고 잠재력을 이끌어 내는 시도 중에 실행하기 쉬운 것이 실험실습이다. 실험실습은 책에 있는 내용이 지식으로 배우고 이유 없이 암기해야 하는 것이 아니라, 실제 세계에서 사용된다는 것을 직접 체험하고 눈으로 확인해 볼 수 있는 장점이 있다.

실험실습은 새로운 세계로 이끈다. 과학은 자연 현상을 관찰하고 기록하고 분석하는 것으로 시작했다.

지금은 폐교가 된 시골의 초등학교를 다니던 시절에 선생님께서 어느 날 나에게 책을 한 권 주시면서 대회를 준비하라고 하셨다. 나는 책을 다 읽고 대회에 나가서 주최 측에서 나눠 준 종이에 책에서 읽었던 내용으로 정답을 다 썼다. 그런데 종이와 함께 어떤 장치들이 같이 있었다.

시간이 지나고 나서야 그게 실험장치이고, 그것으로 실험을 해서 답을 써야 한다는 걸 깨달았다. 나는 문제만 보고도 답을 알았기에 그냥 답만 잘 썼던 것이다. 그때까지 실험을 해 본 적이 없었다.

중학생 때 과학 선생님은 과학반을 꾸려서 교과서에 나오는 실험을 다 해 주셨다. 지금 교육정책과 학교를 지원하는 일을 하고 있는 나는 늘 생각한다. 어느 학교에 다니든 학생들이 교과서에 나오는 실험이라도 다 해 볼 수 있으려면 어떻게 해야 할까? 지금 시골에서 자라는 아이들에게도 과연 기회가 충분히 있을까? 어떻게 하면 모두에게 기회가 있을까? 기회를 나누기 위해 학부모들과 교사들, 교육과 관련된 모든 분과 경험을 나눠야겠다고 생각한다.

아이들에게 교과서에 나오는 실험을 다 해 볼 수 있게 해 주면 아이들은 장치를 설치하고 데이터를 재고 분석하면서 주제에 훨씬 깊이 있게 다가갈 수 있다. 실험 그 자체보다 내용을 깊이 있게 들여다볼 수 있는 활동들을 할 기회를 주면 다양한 시각에서 다르게 생각하고 배울 기회를 가질 수 있다.

아이의 잠재력을 이끌어 낸다

아이가 어린 시절에 수학 공부를 할 때 문제를 틀리면 보통은 실수로 인한 것이기 때문에 부모는 그걸 방지하려고 아이에게 질책하는 말이나 행동을 하는 경우가 많다. 그런데 아이는 그 때문에 더 긴장해서 또 실수하는 일이 벌어진다.

이제 다른 방법을 생각해 봐야 한다. 어떻게 하면 아이의 장점을 끌어낼 수 있을까? 아이 스스로 자신을 믿고, 자신의 한계에 도전하고 한계를 넘어서 보는 방법밖에 없다.

영화 「탑건 매버릭」에서 매버릭은 생각이 많은 후배에게 이렇게 말한다.

"생각하지 말고 그냥 해."

아이가 자신을 믿고, 주저하지 않고 일단 행동할 수 있으려면 오늘 나는 뭘 하면 될까? 아이가 뭐라도 하면 칭찬해 주자.

"잘했네."

아이의 DNA에 이미 내재되어 있는 잠재력을 스스로 믿고 끌어낼 수 있도록 칭찬해 주고, 믿고, 기다려 주자.

아이들이 뒤처질까 노심초사하는 부모들에게 전하고 싶은 말이 있다. 모든 아이는 서로 다르다. 우리는 그들의 잠재력과 강점을 끌어내는 게 최고의 전략이라는 걸 알고 있다. 강점을 칭찬해 주고, 잠재력의 어느 한 부분이라도 발현되면 마치 어린아이가 한 걸음 걸을 때마다 "아이고 잘했다." 하는 것처럼 해 줘야 한다. 그런데 현실에서는 이해력이 떨어지면 격려해 주기는커녕 너무 답답해한다. 이건 전략과 반응이 따로 가는 것이다.

그럼 왜 이러는 걸까? 지금 조금이라도 뒤처지면 앞으로 더 어렵다는 인식 때문일 것이다. 이는 장점을 극대화하는 전략이 아니고 단점을 줄이려는 전략이다.

나는 과연 아이에게 어떤 피드백을 하고 있는가? 잠재력을 이끌어 내는 데 적합한가? 미래인재를 키우는 데 부합하는 행동을 하려면 이떻게 해야 할까?

우리는 한 줄로 세우기 평가 방식에 너무나 익숙하다. 평균 점수를 높이는 전략에 최적화된 행동을 매일매일 하는 것은 아닌지 돌아

봐야 할 때이다. 장점을 극대화하는 방향으로 우리의 반응을 바꾸어야 한다. 만약 단 한 가지만 바꿀 수 있다면, 못한 것을 잘못했다고 하는 것과 잘한 것을 잘했다고 하는 것의 비율이 1 대 3 이상이 되도록 하는 것만이라도 해 보자.

참고문헌

• 단행본

마크 프렌스키, 허성심(역). 『미래의 교육을 설계한다』. 한문화. 2018.

살만 칸, 김희경(역). 『나는 공짜로 공부한다』. 알에이치코리아. 2013.

앤절라 더크워스, 김미정(역). 『그릿 GRIT』. 비즈니스북스. 2016.

윌리엄 그린, 방영호(역). 『돈의 공식』. 알에이치코리아. 2022.

조지프 E. 아운, 김홍옥(역). 『AI 시대의 고등교육』. 에코리브르. 2019.

켄 베인, 이영아(역). 『최고의 공부』. 와이즈베리. 2013.

Conrad Wolfram. The Math(s) Fix: An Education Blueprint for the AI Age, Wolfram Media, Inc.. 2020.

Kilpatrick, J., Swafford, J. and Findell, F..(eds)(2001). Adding It Up: Helping Children Learn Mathematics. 수학학습연구회: 미국과학공학의학한림원.

• 논문 / 연구 자료

교육과정평가원(2021). 2022학년도 대학수학능력시험 보도자료.

교육부(2020). 「초·중등학교 교육과정 일부 개정」(안). 교육부 누리집.

교육부(2021). 2022 개정 교육과정 총론 주요 사항 발표 보도자료.

교육부(2022). 2022 개정 교육과정.

교육부·한국과학창의재단(2021), 『인공지능수학 핵심교원 연수 자료집』.

김동원, 홍진곤, 김선희, 신보미, 김연, 바진형, …, 황지현(2020). 「2015 개정 수학과 교육과정 현장 실태 분석」. 한국과학창의재단. BD21010009.

김수철 외(2021). 「지능형 수학실 구축 및 수학수업평가 모델 연구보고서」. AD 21120003.

박도영, 김동영, 신진아, 임은영, 박인용(2019). 「공통+선택과목 도입에 따른 수능 점수 산출 방안」교육과정평가원 연구자료. ORM-2019-31-5.

서울대학교(2021). 2024학년도 신입학생 입학전형 예고.

서울대학교(2022). 2024학년도 대학 신입학생 입학전형 시행계획.

수학교육과정평가원(2020). TIMSS 2019 결과 발표 별첨 자료.

유네스코한국위원회(2021). 「함께 그려 보는 우리의 미래 - 교육을 위한 새로운 사회계약」

이상구 외(2020), 「2015 개정 수학과 교육과정 '인공지능수학' 과목 시안 개발 연구」한 국과학창의재단.

조향숙, 홍옥수, 이화영, 이현숙, 현지영, 신영준, …, 안재정(2022). 「2022 개정 과학·수 학·정보·환경 교육과정 개발 지원 연구」한국과학창의재단. D22060002.

한국과학창의재단(2015). 『수학학습 실태 조사 및 개선방안 연구』

한국과학창의재단(2016). 『2015 수학학습 성공경험 최우수사례집』

한국과학창의재단(2017). 『2016 수학학습 성공경험 우수사례집』

한국과학창의재단(2018). 『SW교육 선도학교 우수사례집』

한국과학창의재단(2018). 『수학적 모델링 프로젝트 수업 콘텐츠 개발』

한국과학창의재단(2019). 『수학공감 2019 수학나눔학교 우수사례집』

한국과학창의재단(2019). 『신나는 SW교육 수기 공모전 우수사례집』

한국과학창의재단(2020). 『2020 신나는 SW AI 교육 수기 공모전 우수사례집』

한국과학창의재단(2022). 『수학클리닉 사전진단 검사 매뉴얼(중등)』

한국과학창의재단(2022). 『수학클리닉 사전진단 검사 매뉴얼(초등)』

한국과학창의재단(2022). 『수학클리닉 이해와 실천』

Erin A. Maloney et al.(2015). Intergenerational Effects of Parents' Math Anxiety on Children's Math Achievement and Anxiety, Psychological Science. Vol. 26(9).

Microsoft Research, Hey, Tony, The Fourth Paradigm: Data-Intensive Scientific Discovery, 2009.10.1.

OECD(2018). The future of education and skills: Education 2030. Position paper. Paris: OECD.

OECD(2019). Concept note: Transformative competencies for 2030. Paris: OECD.

OECD(2022). Learning Compass 2030. Paris: OECD.

• 인터넷 자료

국가교육과정정보센터

국제수학올림피아드 문제

글래스도어 경제 연구(www.glassdoor.com/research/internships-entry-level-
   jobs-2019/)

네이버 블로그 나이팅게일의 장미

대한수학회 국제수학올림피아드 누리집

매스 픽스 관련 자료

미국 노동 통계국

알지오매스

애스크매스

에듀테크 코리아 포럼 2022

엔리치

YTN 사이언스. 매스-talk, 수학 말하기 대회

울프람알파

위키백과

유네스코한국위원회

포브스 - 세계 최고 부자, 실시간 억만장자 목록

한경 경제용어사전

• 방송 / 유튜브

교육과정평가원 TIMSS 2019 - 우리나라 학생들의 수학·과학 성취 특성

수학귀신

EBS. 학교 속의 문맹자들. 「당신의 문해력」 3부

최고의 수학 교실

케임브리지대학 엔리치 소개 자료

테드 강연 - 울프람

테드 강연 - 조 볼러

HiFi Anand Kumar

한국과학창의재단 2020 Math talk